DE
L'INSTRUCTION PUBLIQUE;
OU
CONSIDÉRATIONS
MORALES ET POLITIQUES SUR LA NÉCESSITÉ, LA NATURE ET LA SOURCE DE CETTE INSTRUCTION.

Ouvrage demandé pour le Roi de Suede.

Nemo adeò ferus est, ut non mitescere possit,
Si modò culturæ patientem commodet aurem.

Horat. *L. I, Ep. I.*

A STOCKHOLM,

Et se trouve A Paris,

Chez Didot l'aîné, Libraire et Imprimeur.

1775.

AVANT-PROPOS.

Un Traité de l'Inſtruction Publique ; de ſa néceſſité ; des objets qu'elle doit ſe propoſer ; de ſes influences ſur le Gouvernement ; de celles que le Gouvernement, à ſon tour, doit avoir ſur cette Inſtruction, exigeroit des détails, des développements qui ne ſe trouveront point dans ce Mémoire. Mais uniquement deſtiné pour le Roi de Suede, qui l'avoit demandé, ces développements & ces détails y auroient été ſuperflus. Je ne pouvois même me les permettre, ſans paroître oublier que j'écrivois pour un Prince d'un eſprit vif & pénétrant ; pour un Prince élevé déja par ſon éducation & la force de ſon génie, au-dessus des préjugés les plus généralement accrédités. D'ailleurs, en voyant ce Monarque déployer toutes les connoissances nécessaires pour bien gouverner, se montrer sans cesse occupé de la prospérité de son Royaume, j'ai dû me faire un devoir d'économiser un temps si précieux, me proposer de ne lui présenter que des apperçus ou des résultats.

Telles sont les raisons de la briéveté de cet Ouvrage : pour ne pas les approuver, il faudroit ignorer absolument ce qui se passe en Suede, depuis que Gustave III en occupe le Trône. Aussi, ce même Ouvrage n'auroit-il point été rendu public, si ce Prince n'avoit jugé à propos de le faire imprimer dans ses Etats. J'avoue même que sa conduite à cet égard, est à mes yeux le trait d'une bienfaisance éclairée ; trait qui annonce la sagesse & la grandeur de ses vues. O, Nation heureuse ! Votre Chef ne borne point son ambition à faire, par de bonnes loix, le bonheur de la génération présente ; il veut encore assurer, par l'instruction, celui des générations futures.

Tandis que dans les mains d'un Artiste habile, les poisons mêmes deviennent des remedes salutaires ; dans celles de l'ignorant, les remedes les plus salutaires se convertissent en poisons : l'ignorance confond tout, corrompt tout, abuse de tout. On a donné, & à juste titre, de grands éloges à la nouvelle Conſtitution Suédoiſe, parcequ'elle rend au Corps Politique le mouvement & la vie qu'il avoit preſqu'entierement perdus; parcequ'elle lui aſſure le libre exercice des fonctions qui lui ſont propres, des facultés qui le caractériſent, qui le font ce qu'il eſt. Mais cette vie n'eſt point aſſez pour lui, s'il ignore les moyens de l'embellir, de la rendre heureuſe & de la conſerver : ſa liberté même lui deviendra funeſte, s'il ne connoît parfaitement l'uſage qu'il doit en faire pour ſes véritables intérêts; les regles invariables auxquelles cet uſage doit être néceſſairement aſſujetti.

Pour ſe pénétrer de ces vérités, les Suédois n'ont pas beſoin de conſulter les faſtes des autres Nations ; leur propre Hiſtoire leur en fournit des preuves convaincantes. On peut dire que pendant une longue ſuite de ſiecles, ils n'ont ceſſé de combattre pour leur liberté ; mais cette liberté ſi chere, à peine l'avoient-ils recouvrée, qu'ils la perdoient de nouveau.

La raiſon de ces révolutions ſucceſſives eſt facile à pénétrer : ils n'avoient aucune idée de la vraie liberté, de celle qui eſt excluſive de l'arbitraire dans l'Etat gouverné, comme dans l'Etat gouvernant ; la ſeule qui convienne à l'Etat ſocial, ou plutôt la ſeule qui lui ſoit eſſentielle ; la ſeule qui ſe trouve toujours également éloignée & de l'oppreſſion & de l'anarchie ; déſordres qui, quoiqu'opposés, s'entretouchent, conduisent de l'un à l'autre, & que nous devons regarder comme des Etats de guerre habituelle. Faute donc d'avoir acquis cette connoissance, ils ignoroient sur quels principes cette vraie liberté doit être établie; quelle en est la mesure essentielle; quelles sont les institutions propres à la perpétuer : la liberté après laquelle ils couroient, n'étoit qu'une illusion, qu'un vain fantôme qui leur échappoit au moment où ils se flattoient de le saisir.

C'étoit à Gustave III qu'il étoit réservé de dissiper ce prestige; de donner au Corps Politique, une Constitution réguliere, faite pour assurer à chacun des Membres, toute la liberté dont il peut jouir raisonnablement; toute la liberté qu'exigent les véritables intérêts de chaque individu; toute celle par conséquent qui convient à l'intérêt général, à l'intérêt commun du Corps entier.

De ma part, cet éloge est d'autant plus désintéressé, que le Roi de Suede avoit, pour ainsi dire, achevé cette étonnante révolution, avant que je lui eusse envoyé le Mémoire qu'il m'a fait l'honneur de me demander. Que parmi nous les amis de l'humanité réunissent donc leurs voix pour applaudir à la sagesse, au génie & aux vertus de ce Prince. Ces acclamations doivent nous coûter d'autant moins, qu'elles s'adresseront indirectement au jeune Monarque qui s'occupe aujourd'hui de notre bonheur ; qui ne cesse de travailler à perfectionner son Gouvernement, à nous mettre dans le cas de n'avoir plus rien à desirer sur cet objet.

LETTRE

A Monsieur le Comte de Scheffer.

MONSIEUR,

Vous m'avez fait demander pour le Roi de Suede, par le Consul de France, un Mémoire sur l'Instruction publique : j'ai l'honneur de l'adresser à Votre Excellence. Je souhaite qu'il ait l'approbation de Sa Majesté & la Vôtre ; mais je n'ose m'en flatter. Depuis quatre mois retenu dans mon lit par une maladie cruelle, ce Mémoire doit naturellement se ressentir de la foiblesse d'une convalescence qui ne fait que de commencer. Je ne crains pas même d'avouer à Votre Excellence, que pour me mettre en état d'entreprendre ce travail, il a fallu me placer, en idée, sous les yeux de Sa Majesté; me pénétrer du génie qu'elle déploie; me remplir de la grandeur des vues qu'elle annonce; faire passer en moi la chaleur de son ame, pour réchauffer la mienne & dissiper mon engourdissement. Cet Ouvrage, Monsieur, est, ainsi, bien moins le mien que celui de votre Monarque.

Je supplie Votre Excellence de ne point regarder, comme un compliment, ce que je dis ici de son Auguste Eleve. Accoutumé depuis long-temps à peindre ce que je sens, &, comme je le sens; si je voulois changer de méthode & de langage, je serois d'une maladresse qui se feroit à l'instant remarquer. Aussi, pendant le séjour du Prince Royal de Suede à Paris, ne m'a-t-on point vu grossir la foule de ceux qui s'empressoient à lui faire la Cour. On ne parloit cependant alors que des grandes espérances qu'il donnoit : mais combien de fois de pareilles espérances ont-elles été trompées : combien de fois des circonſtances heureuſes ont-elles fait une réputation, par la maniere dont elles groſſiſſoient les objets ! combien de fois enfin, ſéduits par l'honnêteté de l'extérieur, avons-nous cru trop légerement voir les Princes tels qu'ils doivent être, & trouver en eux tout ce que nous y cherchions ! Je penſois donc qu'avant de rendre hommage aux vertus du Prince Royal, il convenoit d'attendre qu'il fût Roi ; de ſavoir s'il ne ceſſeroit pas d'être vertueux, d'être homme, en devenant Roi. Heureuſement pour l'humanité, ſa conduite ſur le trône ne laiſſe plus d'incertitude, le Roi remplit tout ce que le Prince avoit promis : perſonne ainſi ne peut, ſans injuſtice, lui refuſer maintenant un tribut de reſpect & d'admiration.

Une grande preuve, Monſieur, qu'en mon particulier, je m'acquitte volontiers de ce tribut, c'eſt le Mémoire même que j'envoie à Votre Excellence. Je me ſuis fait une loi de n'y déguiser aucune des grandes vérités que les faux amis des Rois ont ordinairement grand soin de leur dissimuler. Je regarde donc votre digne Monarque comme un partisan zélé, comme un ami sincere de ces mêmes vérités; c'est, à mon avis, la plus haute idée qu'on puisse se former d'un Souverain.

Cette façon de penser ne m'est point particuliere, & Votre Excellence le sait bien. Depuis quelque temps l'Europe s'éclaire; la raison se perfectionne; les préjugés disparoissent; les droits de l'humanité commencent à être connus; nous devons croire qu'ils seront bientôt respectés : déja même le fanatisme qui les outrageoit, fait place à l'enthousiasme du beau moral; & chaque jour notre continent se remplit d'hommes justes, d'hommes lumineux, dont le jugement uniforme sur la conduite des Souverains, ne manquera pas d'être consacré par la postérité.

Nous pouvons dire, Monsieur, qu'à la

faveur de cette lumiere, il ſe découvre aujourd'hui un nouveau genre d'héroïſme & de gloire, qui doit néceſſairement éclipſer tous les autres, parcequ'il a pour baſe des vérités ſenſibles ; des vérités faites pour frapper tous les yeux, pour intéreſſer tous les cœurs, pour bannir tôt ou tard toutes les erreurs politiques. Guſtave s'avance à grands pas dans cette brillante carriere : plaiſe au Ciel que triomphant de tous les obſtacles, il la rempliſſe autant qu'il paroît le deſirer ! Plaiſe au Ciel que ſon exemple ſoit ſuivi de beaucoup d'autres Princes ! Plus grand ſera leur nombre, plus grande auſſi ſera ſa gloire ; plus vive encore & plus pure ſera la ſatisfaction dont il remplira votre ame vertueuſe & tendre ; vous en jouirez, Monſieur, ſans que rien puiſſe vous en ſéparer.

Dans le Mémoire dont il s'agit, Votre Excellence verra ſans doute avec plaiſir, qu'un Gouvernement doit être le principal inſtituteur de ſes Sujets. Ah, Monſieur, c'eſt une grande vérité : comment les hommes pourroient-ils être formés à la Juſtice par une inſtruction particuliere, quand ils naiſſent ſous le joug de l'oppreſſion ; quand ils voient perpétuellement autour d'eux, l'injuſtice en poſſeſſion paiſible de toutes les jouiſſances ; quand ils reçoivent ainſi du Gouvernement une inſtruction publique, qui ne ceſſe de leur donner des leçons de perverſité, de les porter, de les ſolliciter à la corruption.

J'ai penſé que cette vérité devoit être profondément traitée par quiconque écrit ſur la matiere dont il s'agit ; & cela m'a naturellement conduit à montrer comment un corps politique doit être néceſſairement conſtitué, pour que ſon Gouvernement ſoit une école publique, où tous les Citoyens puiſſent apprendre à fuir les vices, à déteſter les crimes, à chérir & pratiquer les vertus. J'ai tâché cependant de me renfermer dans les bornes d'un Mémoire ; bien perſuadé que les lumieres ſupérieures de votre Souverain & les vôtres ſuppléeront facilement à ce que j'ai cru devoir élaguer.

Je ſuis, Monſieur, &c.

RÉPONSE

De M. le Comte de Scheffer, du 6 Mai 1774.

MONSIEUR,

Vous aurez été bien étonné de ne pas recevoir de mes nouvelles, après m'avoir gratifié, dès le mois de Février dernier, d'un Ouvrage précieux, & de la plus grande importance pour les vues du Maître que j'ai l'honneur de ſervir. Mais, Monſieur, cet Ecrit admirable ne m'eſt parvenu que depuis peu de jours, avec la Lettre belle & inſtructive que vous m'avez fait l'honneur de m'écrire à cette occaſion. J'ai lu tout cela avec un plaiſir qu'il m'eſt impoſſible de vous exprimer. L'ordre judicieux obſervé

observé dans la rédaction du sujet, la précision, la clarté, l'agrément du style dans lequel les idées sont exposées, ont fait sur moi la plus grande impression, & porteront la conviction dans l'esprit de tout lecteur, sans qu'il lui en coûte le moindre effort. Comment pourrai-je vous remercier, Monsieur, comme je le dois, d'un si véritable bienfait ? Mais cette obligation regarde plutôt le Monarque à qui vous avez bien voulu sacrifier quelques moments de votre temps; & j'ose vous assurer qu'il y est infiniment sensible. Sa Majesté m'a ordonné de vous le dire; mais Elle se réserve de vous le faire connoître plus particulierement, aussi-tôt que son temps lui aura permis de lire & de méditer ce Mémoire, comme Elle se propose de le faire incessamment.

C'est avec une peine extrême que j'ai appris le mauvais état de votre santé. Vous me consolez cependant un peu, Monsieur, en me disant que vous vous trouviez dans un commencement de convalefcence. Je fouhaite, du fond de mon cœur, qu'elle fe foit foutenue, & que je fois bien-tôt informé de votre rétabliffement parfait. M. Delifle m'a confié que vous êtes actuellement occupé d'un travail d'une grande étendue, & d'une utilité fi générale, qu'il n'y a pas de bon Citoyen d'aucun pays qui ne doive faire des vœux pour que vous ayez les forces néceffaires pour y mettre la derniere main. Je vous prie de croire que je m'y intéreffe plus particulierement encore, vu la reconnoiffance dont vous m'avez déja pénétré, & avec laquelle j'ai l'honneur d'être, Monfieur, votre &c.

MÉMOIRE

SUR

L'INSTRUCTION PUBLIQUE,

Où l'on développe sa Nécessité; les principaux Objets qu'elle doit se proposer; les Conditions qui doivent se réunir pour qu'elle puisse remplir ces objets.

DANS l'état d'ignorance; les hommes ne sont point véritablement hommes; ils n'ont qu'une simple aptitude à le devenir: aussi cet état ne permet-il, ni de former un véritable Corps politique, ni d'instituer un parfait Gouvernement.

L'instruction publique, seul & unique

moyen de dissiper les ténebres de l'ignorance, doit avoir pour but d'attacher les hommes à leurs devoirs réciproques de citoyen, en les éclairant sur la nécessité de ces devoirs pour les vrais intérêts de leurs sens, & principalement en bannissant d'entre eux les fausses opinions, qui, égarant l'amour-propre, empêcheroient alors ses intérêts d'être parfaitement d'accord avec ceux des sens.

Pour obtenir de l'instruction publique ces heureux effets, il ne suffit pas d'établir un grand nombre d'écoles publiques & gratuites; il faut encore que toutes les branches du Gouvernement concourent, par leur sagesse, à répandre la lumiere, & que le Corps politique prenne de justes mesures pour contraindre ses membres à profiter de cette instruction, sans cependant user de violence, ni offenser leur liberté.

Telles sont les trois Propositions que je vais tâcher de développer en peu de mots dans ce Mémoire. Je me garderai bien de couvrir de fleurs, des vérités si intéressantes par elles-mêmes; loin d'y gagner, elles y perdroient: parées de leur beauté naturelle, elles n'ont besoin que d'être présentées avec clarté, avec simplicité.

NÉCESSITÉ DE L'INSTRUCTION PUBLIQUE.

LA néceſſité dont il eſt, en général, que les hommes ſoient inſtruits, ne ſera jamais un problême aux yeux de quiconque fera quelque attention à la nature de l'homme, & à l'eſſence d'un Corps politique. L'homme a de moins que les brutes, l'inſtinct propre à chacune de leur eſpece; mais il a de plus qu'elles, une intelligence qui lui permet de ſaiſir les liaiſons des effets avec leurs cauſes; de s'élever à la connoiſſance des vérités les plus abſtraites, les plus ſublimes; d'appercevoir un ordre général, un ordre immuable; de découvrir l'obligation où il eſt lui-même de s'y conformer pour ſon bonheur.

En ſa qualité de créature intelligente,

ſa deſtination eſt d'être éclairé, dans toutes ſes actions, par le flambeau de la raiſon. Mais la raiſon, mais cette lumiere dont on a tant parlé ſans la connoître ni la définir, eſt-elle en nous autre choſe qu'un diſcernement exact de nos vrais intérêts, qu'une connoiſſance claire & diſtincte des vérités deſtinées à devenir les regles invariables de notre conduite? Gardons-nous donc de nous imaginer qu'elle ſoit pour l'homme un don gratuit de la Nature : cette ſcience des choſes, de la chaine qui les lie, de l'ordre éternel qui les gouverne, loin d'être innée en lui, ne s'acquiert que par l'expérience, l'attention, la réflexion, par toutes les autres opérations dont notre intelligence nous rend capables.

Quelle eſt donc la condition de ceux qui ne l'ont point encore acquiſe? Privés de la raiſon, privés de l'inſtinct des brutes, leur aveuglement les place au-deſſous des brutes, les rend plus malheureux qu'elles, plus difficiles à conduire & plus orageux : en effet, n'étant point des brutes, ils ne peuvent être conduits comme des brutes ; & n'étant point encore des hommes, ils ne peuvent être gouvernés comme des hommes.

L'ignorance, ſource intariſſable d'erreurs, doit être regardée comme l'enfance de l'homme : toujours en proie à l'illuſion & à la ſéduction, toujours égaré ou prêt à l'être par les vains fantômes de l'imagination, ſon état eſt un état de délire habituel ; & l'ignorance ne differe aucunement de la folie, quand on les conſidere l'une & l'autre dans les funeſtes effets qu'elles produiſent naturellement : *Sublatâ cognatione & ſcientiâ*, dit Ciceron, *tollitur omnis ratio.* Cet homme enfant, cet aveugle, eſt cependant d'autant plus dangereux, que, joignant à ſon délire la force d'un homme fait, cet enſemble pernicieux le rend tout à la fois & très propre à faire le mal, & peu propre à faire le bien.

Quand je dis que l'ignorance & la folie se ressemblent parfaitement dans leurs effets, cette façon de parler n'a rien d'exagéré : pour nous en convaincre, achevons d'examiner la nature de l'homme ; considérons les diverses passions dont il est susceptible ; l'espece de subordination qu'elles gardent constamment entre elles ; les influences que son intelligence a sur ces passions.

Le propre de tout être sensible est de fuir la douleur & de rechercher le plaisir : appétit du plaisir, & aversion de la douleur, voilà les deux mobiles de toutes ses actions. Comme êtres sensibles, nous sommes donc destinés par la Nature à n'agir jamais que pour nos intérêts personnels, bien ou mal entendus, & quels qu'ils puissent être ; car il en est pour nous de différente espece. Mais en même-temps que nous sommes des êtres sensibles, nous sommes encore des êtres intelligents ; & c'est par les yeux de notre intelligence, que nous jugeons de nos intérêts.

Ainsi, quand nous disons que l'homme agit toujours pour ses intérêts personnels, il faut entendre qu'il est en cela toujours déterminé par les opinions vraies ou fausses qu'il s'en est formées. Aussi ces opinions, selon qu'elles se trouvent être ou des vérités ou des erreurs, sont-elles les sources primitives de toutes les vertus morales, comme de tous les désordres moraux & politiques; aussi les différences prodigieuses que nous remarquons entre le caractere moral d'un homme & celui d'un autre homme, ont-elles pour premieres, ou du moins pour principales causes, les différences qui se trouvent entre ces opinions : Développons ces dernieres vérités, & sur-tout ne disons rien qui ne soit écrit dans nos propres cœurs.

Nous avons deux sortes de passions très distinctes, & qui, j'ose le dire, ne se ressemblent en rien; celles des sens, & celles de l'amour-propre. J'appelle amour-propre, une ſenſibilité naturelle à ce qui nous honore ou nous avilit, ſenſibilité qui fait naître en nous l'amour de la gloire, la crainte de l'humiliation, tous les autres ſentiments qui tiennent de ces deux premiers ; en un mot, un beſoin très réel, très preſſant, de l'eſtime de ſoi-même & de celle d'autrui (1).

Les paſſions des ſens ne ſont que des appétits paſſagers, que des beſoins momentanées, & bornés à tous égards : une fois ſatisfaits, ils s'appaiſent & ceſſent de nous tourmenter. Il eſt même, en géné-

(1) *Nota.* Pour peu qu'on veuille méditer les effets de l'amour-propre, on ſe convaincra facilement que nous renfermons en nous un principe actif par lui-même, eſſentiellement différent de nos ſens, quoiqu'il ait beſoin de nos ſens, qui ne ſont que paſſifs : que ce principe actif eſt créateur des regles d'après leſquelles il ſe juge ; qu'il eſt lui-même la ſource de ſes peines & de ſes plaiſirs ; qu'il conſtitue par conſéquent un être libre, un être dont le bonheur & le malheur ne dépendent que de lui, que de l'uſage qu'il fait de ſes facultés.

ral, tant de moyens divers de ſatisfaire ces beſoins, que ſeuls & par eux-mêmes, ils ne forment point de véritables paſſions : ils n'en prennent le caractere violent & impétueux, qu'autant qu'ils l'empruntent de l'amour-propre, lorſque ce dernier vient unir ſes intérêts à ceux des ſens. En effet, c'eſt pour l'amour-propre & non pour les ſens, qu'ont été imaginés ces repas ſomptueux & homicides ; ces vaſtes & ſuperbes palais ; ces vêtements qui étalent la pompe & la magnificence ; tous les autres moyens faſtueux de pourvoir à nos beſoins phyſiques, & qui les accroiſſent tellement, que ces beſoins ſe trouvent abſolument dénaturés par les écarts de nos folles imaginations.

Il n'en eſt pas ainſi de l'amour-propre : c'eſt un feu dévorant qui jamais ne s'éteint, qui toujours eſt en action. Placé, pour ainſi dire, en nous, à côté de l'imagination, & ſouvent porté par elle au-delà du poſſible, ſes élans ne connoiſſent point de bornes ; l'accompliſſement de ſes deſirs, loin de les calmer, n'eſt pour lui qu'un acheminement à des deſirs nouveaux ; s'irritant ainſi par ſes ſuccès, & ſans ceſſe paſſant de projets en projets, l'Univers entier n'a rien qui puiſſe le ſatisfaire : il ſemble qu'émané de la Divinité, il tende naturellement à s'y réunir ; que pour lui, la plénitude du bonheur ſoit attachée à cette réunion.

Perſonne n'ignore le degré d'enthouſiaſme dont les paſſions de l'amour-propre ſont ſuſceptibles : telle eſt ſouvent la chaleur de cet enthouſiaſme, que, dans ſon ivreſſe, il nous porte à faire, ſans répugnance, le ſacrifice volontaire de tous les intérêts de nos ſens.

L'amour-propre, dit l'Auteur des conſidérations ſur les cauſes de la grandeur & de la décadence des Romains, *eſt un ſentiment naturel, qui fait que nous nous aimons plus que notre vie même.* Avant Monteſquieu, le grand Corneille avoit peint cette vérité en termes encore plus clairs :

L'honneur est aux grands cœurs bien plus cher que la vie.

Je pourrois citer nombre d'autres traits ſemblables, s'il étoit beſoin d'accumuler les autorités, pour démontrer les effets miraculeux de l'amour-propre : ils ſont de tous les ſiecles & de tous les climats ; chaque jour nos yeux en ſont frappés ; chaque jour ce qui ſe paſſe au milieu des nations policées, eſt une preuve convaincante que l'amour-propre peut s'exalter au point de faire de nous plus que des hommes, de nous décider à compter ſon intérêt pour tout, & celui de notre exiſtence pour rien.

Mais que dis-je ? ce n'eſt pas chez les ſeules nations policées, que l'amour-propre déploie toute ſon énergie : ces Sauvages groſſiers du Canada, qui au milieu des flammes, des tourments les plus affreux, chantent & inſultent à leurs ennemis, ne ſont ſoutenus, dans ces moments d'horreur, que par le ſeul amour-propre. C'eſt la même puiſſance encore qui conduit la main du Negre, lorſque, pour ſe délivrer de l'eſclavage, il n'héſite point à ſe donner la mort.

Cependant les paſſions de l'amour-propre, les ſeules qui caractériſent l'homme, & le différencient des brutes, les ſeules qui ſoient de vraies paſſions, & qui occaſionnent preſque tous les mouvements du monde moral, ne ſont pour nous que des paſſions d'opinion.

Nous tenons bien de la Nature une grande & vive ſenſibilité pour l'honneur & le déshonneur; mais avant que cette ſenſibilité puiſſe être affectée en bien ou en mal, il faut que nous nous ſoyons formé une idée quelconque de l'honneur & du déshonneur; que notre intelligence ait conçu, ait déterminé ce qui doit nous honorer ou nous avilir : l'intérêt qui en réſulte alors, n'eſt donc abſolument qu'un intérêt d'opinion ; il n'exiſte pour nous, que par notre opinion & dans notre opinion.

Voilà pourquoi, ſur le fait de l'honneur & du déshonneur, chaque peuple, je pourrois dire chaque homme, s'eſt toujours fait un ſyſtême particulier ; voilà pourquoi l'amour-propre eſt un véritable Protée ; il prend toutes les formes, tous les caracteres que l'opinion veut lui donner.

Ce que j'obſerve ici des influences de l'opinion ſur les intérêts de l'amour-propre, nous montre bien que l'homme moral eſt un être abſolument factice ; qu'il eſt ce que ſes opinions le font : faut-il donc encore d'autres preuves du beſoin qu'il a de l'inſtruction ? Si les opinions des Anciens Grecs & des Anciens Romains s'étoient perpétuées chez les Grecs & les Romains d'aujourd'hui, avec elles ſe feroient également perpétués chez ceux-ci, ces traits de force, ces prodiges de valeur qui nous étonnent dans ceux-

la.

là. Si Alexandre eût pensé comme Titus, il auroit voulu régner & répandre des bienfaits comme Titus ; de même, si Titus eût pensé comme Alexandre, il auroit voulu conquérir & incendier comme Alexandre.

Oh ! n'en doutons point, nous devons nécessairement devenir ou vertueux ou vicieux, selon que nos opinions particulieres estiment en nous ou les vertus ou les vices ; selon encore que les vertus ou les vices sont honorés, sont couronnés par l'opinion publique de la société dans laquelle nous nous trouvons placés. C'est ainsi que par le moyen de l'amour-propre, l'opinion devient réellement *la Reine du monde*, une Puissance despotique qui nous gouverne à son gré. C'est ainsi que dans l'état d'ignorance, nos folles opinions font de l'amour-propre un Volcan, dont les éruptions fréquentes portent par-tout les ravages & la désolation. Il est clair que les hommes qu'elles égarent, ſont des eſpeces de fous, de furieux, avec leſquels il eſt de toute impoſſibilité de former un véritable Corps politique : Expliquons ce qu'on doit entendre par cette dénomination.

Un véritable Corps politique eſt un corps compoſé d'une multitude d'hommes, mais tellement unis entre eux, que n'ayant qu'une ſeule & même volonté, qu'une ſeule & même direction, ils ne forment plus qu'une ſeule & même force, ils ſemblent ainſi ne conſtituer qu'un ſeul & même individu.

Si nous recherchons maintenant ce qui peut produire & maintenir une telle unité de volonté, de direction & de force, pour le trouver, c'eſt à la nature de l'homme qu'il faut remonter. Une fois convaincus que, comme être ſenſible & intelligent, il eſt toujours déterminé, toujours mis en action, par l'opinion qu'il ſe forme de ſes intérêts perſonnels, nous reconnoîtrons bientôt que cette unité ne peut avoir d'autre principe, qu'un intérêt commun parfaitement entendu & parfaitement connu; qu'ainſi, l'unité de volonté, de direction & de force, ſuppoſe néceſſairement l'unité d'opinion ſur ce qui concerne & conſtitue cet intérêt; qu'elle requiert par conſéquent des hommes aſſez éclairés pour ne jamais attacher leurs intérêts particuliers, à ce qui bleſſeroit l'intérêt commun.

En vain vous flatterez-vous de réprimer les écarts de l'opinion, de les contenir par la crainte des châtiments, des punitions corporelles : une telle crainte ne peut rien contre un enthouſiaſme qui nous porte à braver les plus grands dangers, à trouver des charmes juſques dans la mort même : vous ferez des martyrs, mais vous ne parviendrez point à vos fins. Non, l'amour-propre ne connoît point de maître; il ne reçoit de loi que de l'opinion; & jamais on ne peut commander à l'amour-propre, parceque jamais on ne peut commander à l'opinion. D'ailleurs, ſe propoſer de ne contenir les hommes que par la force & la violence, c'eſt ſe propoſer de les aſſervir, & non de les gouverner; c'eſt voir en eux des ennemis, & non des membres du Corps politique : certainement, un tel ſyſtême eſt tout l'oppoſé d'un parfait Gouvernement.

En effet, un Gouvernement ne peut ni ne doit avoir d'autre objet, que de rendre les hommes heureux; ainſi, ſa perfection conſiſte néceſſairement dans la juſteſſe des meſures qu'il a priſes pour les rendre heureux : or, il eſt évident qu'il ne peut ſe flatter de rendre heureux ceux dont il contrarie ſans ceſſe les opinions & les intérêts, encore que ces opinions ſoient déraiſonnables, & ces intérêts mal entendus; car, on n'eſt heureux que quand on croit l'être. Ajoutons à cela, qu'un intérêt commun reconnu étant le ſeul & unique lien d'un véritable Corps politique, il en réſulte qu'un tel Corps ne peut réellement exiſter, qu'il ne ſoit gouverné par la volonté commune de ſes membres ; qu'ainſi, ſon Gouvernement, conſidéré comme Puiſſance, n'eſt ni ne peut être autre choſe, que cette volonté commune même, miſe en action pour l'intérêt commun, & par l'intérêt commun (2).

---

(2) *Nota.* Par la raiſon qu'il eſt impoſſible qu'un être ſenſible & intelligent veuille le contraire de ſes véritables intérêts, quand il les connoît ; il eſt impoſſible auſſi que pluſieurs êtres de cette eſpece connoiſſent leur véritable intérêt commun, & ne veuillent pas cependant ce qui lui convient. Quand ils ont tous la même opinion de leur intérêt commun, ils ont donc tous la même volonté ; alors, cette volonté commune devient néceſſairement la Puiſſance par laquelle ils ſe trouvent tous gouvernés. Quelquefois cependant nous cédons à des appétits déréglés des ſens, les connoiſſant pour déréglés ; mais les ſens ne peuvent occaſionner ce déſordre, qu'autant que l'amour-propre le permet ; & pour qu'il le permette, il faut que de fauſſes opinions nous égarent, nous mettent dans le cas de nous livrer ſans honte à cet abus de nos facultés. D'ailleurs, quelques écarts particuliers & momentannées ne changent rien à l'état permanent de la volonté commune, & ne l'empêchent point de continuer à gouverner ; auſſi, diſoit un ancien ; *encore que les volontés particulieres puiſſent être dépravées, la volonté commune eſt toujours juſte, ſe propoſe toujours le bien général.*

Cette derniere notion que je viens de donner d'un parfait Gouvernement, montre bien que le ſyſtême d'en impoſer par la crainte des peines phyſiques, eſt un ſyſtême dénué de tout fondement. Cette crainte ne peut être imprimée que par le plus fort au plus foible : mais, comme l'obſervoit très bien le Comte de Teſſin, dans ſes lettres à un grand Prince, *la force d'un ſeul ne peut rien contre celle de la multitude*. Dans une ſociété, le plus fort n'eſt jamais l'Etat gouvernant; au contraire, l'Etat gouvernant, toujours compoſé d'un ſeul homme ou d'un très petit nombre, n'eſt fort que de la force de ceux qui lui obéiſſent; il tire ainſi cette force de la volonté qu'ils ont de lui obéir; par conſéquent, de l'intérêt qu'ils croient avoir à lui obéir : comment donc pourroit-il contraindre l'obéiſſance par la force, tandis que ſa force eſt le produit de l'obéiſſance qu'on lui rend? Un tel ſyſtême eſt préciſément l'état de guerre, & non l'état de ſociété.

Aussi, le despotisme d'un seul ou d'un petit nombre n'est-il qu'une illusion, qu'une chimere. Qu'on analyse cet absurde Gouvernement, on le trouvera sans liaison intérieure, sans consistance : la force dont le Despote paroît disposer, n'est ni à lui ni en lui; &, par la raison qu'elle est hors de lui, qu'elle se trouve conséquemment toujours indépendante de lui, elle peut toujours aussi disposer de lui. Cette force n'étant assujettie à aucune regle immuable, ne connoissant aucun point fixe de réunion, ressemble à ces montagnes de sable que les vents forment, promenent & dissipent à leur gré.

Cette ressemblance est d'autant plus parfaite, qu'un tel Gouvernement étant une production monstrueuse de l'ignorance profonde où sont les hommes sur ce qui constitue réellement leur intérêt commun, ces aveugles restent naturellement exposés à toutes les fureurs, à tous les déchaînements des intérêts particuliers les plus déréglés, ſans que rien puiſſe fixer, à cet égard, l'inconſtance des opinions.

De-là, que conclure? que ſous le deſpotiſme, non-ſeulement perſonne ne peut compter ſur la force, mais que chacun au contraire doit la redouter; que les Membres de ce corps fantatiſque, ſans qu'aucun d'eux ſoit excepté, voient tous un glaive ſuſpendu par un fil au-deſſus de leur tête; qu'ils ſont tous également eſclaves, puiſqu'ils ſont tous également dépendants des opinions arbitraires d'autrui. En veut-on des preuves de fait? Qu'on parcoure l'Hiſtoire des Empereurs Romains; le quart de ces prétendus Deſpotes a péri de mort violente : ces maîtres du monde ne l'étoient point de leur propre perſonne; il n'étoit pas en leur pouvoir d'arrêter le bras toujours levé pour les frapper. Mais n'inſiſtons point : le développement de ma ſeconde propoſition achevera de mettre ces vérités dans tout leur jour.

OBJETS PRINCIPAUX
DE
L'INSTRUCTION PUBLIQUE.

PUISQUE nous ne devenons véritablement hommes, qu'en acquérant les connoiſſances dont nous avons beſoin pour nous bien conduire, pour agir comme des êtres intelligents & raiſonnables, il faut donc qu'on nous facilite l'acquiſition de ces connoiſſances; qu'on établiſſe par conſéquent une inſtruction publique, une inſtruction qui puiſſe étendre ces mêmes connoiſſances à tous les individus de notre eſpece. Je crois avoir ſuffiſamment démontré la Néceſſité de cette inſtruction: mais en quoi doit-elle principalement conſiſter? quels ſont les objets eſſentiels qu'elle doit ſe propoſer? C'eſt-là ce qu'il nous importe ſur-tout de bien approfondir.

Il eſt dans la nature des hommes de vouloir être heureux : tous en ont conſtamment le deſir & la volonté ; c'eſt le but ultérieur de toutes leurs vues, de tous leurs projets, de toutes leurs actions ; c'eſt l'objet auſſi pour lequel ils ſe ſont réunis en ſociété. Comment donc peut-on penſer ſérieuſement, que pour leur faire embraſſer les moyens de ſe rendre heureux, il faille employer contre eux la force & la violence, la torture & les gibets ? Connoiſſez-vous avec certitude la route qui doit les conduire au vrai bonheur ? faites paſſer en eux cette certitude ; montrez-leur cette route qu'ils cherchent tous : vous les verrez à l'inſtant s'y précipiter en foule & d'eux-mêmes, ſans qu'il ſoit beſoin de les y contraindre par des actes d'autorité, qui portent les caracteres de l'oppreſſion. Mais qu'eſt-ce que le vrai bonheur ? Pour le trouver il faut le connoître : ſans cela, c'eſt en vain que nous le cherchons.

Le vrai bonheur, le bonheur parfait eſt

un état habituel de jouiſſances, ſans aucun mêlange de privations ni de douleur. Peut-être que pour perſonne cet état n'a jamais été en réalité ce qu'il eſt en ſpéculation: mais n'importe; toujours eſt-il vrai que, plus nous nous en rapprochons, plus auſſi nous ſommes heureux; & d'après cette vérité, il eſt aiſé de montrer comment nous pouvons nous aſſurer, en ſociété, toute la ſomme de bonheur que l'humanité peut comporter.

Rappellons-nous qu'il eſt pour l'homme deux ſortes de paſſions, celles des ſens, & celles de l'amour-propre. Rappellons-nous que ſouvent elles ſont tellement oppoſées entre elles, qu'il eſt impoſſible de les concilier; qu'il faut ainſi que l'intérêt des unes ſoit ſacrifié à l'intérêt des autres. De quelque côté que tourne la victoire, de quelque nature que ſoit le ſacrifice, néceſſairement il nous coûte beaucoup, néceſſairement il nous eſt douloureux: nous devons donc le regarder comme incompatible avec le vrai bonheur. Non; non, le vrai bonheur n'habite point chez celui qui, loin de jouir de la paix intérieure, ſe trouve ſans ceſſe en guerre avec lui-même, & dans ſon propre cœur livre des combats qui le déchirent cruellement.

O Athéniens, s'écrioit le ſuperbe vainqueur de l'Aſie, *qu'il en coûte pour mériter vos éloges!* Il avoit donc, ce conquérant, dont le funeſte exemple a tourné tant de têtes, il avoit donc payé bien cher la vaine gloire dont il s'étoit enivré : ce trait ſeul ſuffit pour achever de nous convaincre que, moralement parlant, & en nous conſidérant comme hommes ſeulement, pour nous

LE VRAI BONHEUR CONSISTE DANS UN ACCORD PARFAIT DES INTÉRÊTS DE L'AMOUR-PROPRE AVEC CEUX DES SENS.

Cet accord n'eſt point une chimere, un jeu de l'imagination. Non-ſeulement il eſt poſſible; mais j'oſe dire même qu'il eſt dans l'ordre de la nature, qu'il eſt en tout point conforme à la ſaine raiſon : j'oſe dire encore, qu'ayant pour baſe des vérités frappantes par elles-mêmes, il doit néceſſairement régner parmi ceux dont ces vérités ſeront connues ; qu'ainſi, pour s'établir & ſe perpétuer, il n'a beſoin que de l'inſtruction.

Cependant, l'Inſtruction ne peut produire un effet ſi précieux, qu'autant qu'elle remplit complettement deux objets : le premier, eſt de faire connoître aux hommes l'ordre public le plus avantageux à leurs ſens ; le ſecond, de les convaincre que c'eſt par les loix invariables de cet ordre, qu'ils doivent juger de ce qui eſt vertueux ou vicieux, glorieux ou déshonorant.

L'ordre public le plus avantageux aux ſens eſt, ſans contredit, celui qui leur aſſure la plus grande ſomme de jouiſſances que nous puiſſions raiſonnablement deſirer. Je dis raiſonnablement deſirer, car il ſeroit manifeſtement abſurde de former, ſous la protection de la ſociété, des prétentions deſtructives de toute ſociété : il eſt évident qu'elles ont des bornes néceſſaires, des bornes marquées par les devoirs eſſentiels que nous impoſe notre réunion en ſociété.

C'eſt donc ſur ces devoirs, c'eſt donc ſur leur néceſſité pour les vrais intérêts de nos ſens, que l'Inſtruction doit ſe propoſer d'éclairer les hommes, en leur démontrant que ces mêmes devoirs n'ont rien de factice, rien d'arbitraire ; qu'ils ne ſont que des moyens néceſſaires pour nous faire tous jouir conſtamment de notre meilleur état poſſible, relativement à nos ſens ; que par cette conſidération, remplir de tels devoirs, c'eſt agir en êtres raiſonnables, & nous honorer ; s'en écarter, c'eſt agir en inſenſés, & nous avilir.

Tels ſont les deux points fondamentaux ſur leſquels la premiere branche de l'Inſtruction doit répandre le plus grand jour : tâchons donc de les éclaircir ici, de maniere à faire voir qu'en cela l'Inſtruction ſera toujours à la portée des hommes les plus bornés ; qu'ainſi, rien ne peut l'empêcher de produire, à cet égard, les effets qu'on en attend.

L'ordre public d'une ſociété ne peut manquer d'aſſurer aux ſens la plus grande ſomme poſſible de jouiſſances, s'il aſſure conſtamment & tout-à-la fois aux membres de cette ſociété, & la plus grande abondance poſſible des choſes propres à ces jouiſſances, & la plus grande liberté poſſible d'en profiter. Mais comment l'ordre public peut-il parvenir à procurer deux avantages ſi grands, ſi deſirables? Hélas ! rien de plus ſimple, rien de plus facile : une ſeule condition ſuffit ; & cette condition eſt que l'ordre public ſoit établi ſur le droit de propriété ; je veux dire que toutes les loix, toutes les polices, toutes les inſtitutions ſociales, toutes les branches enfin de cet ordre, ſoient puiſées dans la loi de propriété, comme dans leur ſource primitive & naturelle ; qu'ainſi, elles concourent toutes enſemble & de concert, à maintenir le droit de propriété dans toute ſa plénitude, dans toute ſon intégrité.

Oui, cette condition parfaitement remplie, tous les biens relatifs à nos ſens doivent néceſſairement ſe multiplier autant que le ſol d'une telle ſociété peut le comporter. Oui, ſous un tel ordre public, chaque citoyen, au ſein de cette abondance habituelle, jouit de la plus grande liberté poſſible d'en profiter ; car, en ſociété, la plus grande liberté poſſible n'eſt autre choſe, que celle qui devient inſéparable du droit de propriété ; n'eſt autre choſe, qu'une pleine & entiere liberté d'exercer ſes droits de propriété, d'en étendre la jouiſſance à tout ce qui ne bleſſe en rien les propriétés d'autrui.

Que demandez-vous à la ſociété ? qu'attendez-vous d'elle ? vous qui, nés de parents pauvres, ne poſſédez aucune eſpece

pece de biens : Croyez-vous qu'elle doive pourvoir gratuitement à tous vos beſoins ? Montrez-donc les titres qui lui impoſent cette obligation : certainement, vous ne les tenez pas de la ſociété, puiſqu'elle refuſe de les reconnoître : certainement encore vous ne les trouvez pas dans la nature ; elle a voulu qu'aucune des choſes néceſſaires à nos beſoins ne vînt d'elle-même s'offrir à nous ; elle a voulu que nous ne puſſions nous les procurer que par des travaux.

Vous m'allez dire ſans doute que nous avons tous naturellement un droit égal aux moyens d'exiſter & de nous rendre heureux : Hé bien, que voulez-vous en conclure ? qu'il vous eſt libre de jouir gratuitement de tous les biens que vous voyez naître autour de nous par nos dépenſes & nos travaux ? Ah, remarquez en cela la contradiction manifeſte dans laquelle vous tombez : ſi vous aviez une telle liberté, tout autre homme l'auroit pareillement ; alors, ces dépenſes & ces travaux productifs n'auroient plus lieu ; ils diſparoîtroient donc ces mêmes biens, qui ne croiſſent annuellement qu'à l'ombre du droit excluſif acquis à leurs propriétaires ; droit avec lequel cette liberté que vous réclamez, ne peut abſolument ſe concilier.

Quel eſt donc l'avantage que vous aſſure votre réunion en ſociété ? le voici : ſans elle, votre prétendu droit à l'exiſtence & au bonheur deviendroit abſolument nul dans le fait ; vous vous verriez réduits à diſputer avec les brutes & avec vos ſemblables, quelques fruits ſauvages que la terre ſembleroit ne vous donner qu'à regrêt. Mais cette même terre, fécondée par les avances & les travaux de la ſociété, devient prodigue de ces biens dont elle ſe montroit avare ; mille productions diverſes ne ceſſent de ſortir de ſon ſein, pour aſſurer votre exiſtence & votre bonheur. Cependant, ces productions étant l'ouvrage de la société, étant achetées de la terre par la société, il est évident que vous ne pouvez y prendre part, qu'en vertu d'un titre analogue à la société, & aux moyens qu'elle emploie pour les faire naître; vous ne pouvez conséquemment en jouir, qu'autant que vous les achetez à votre tour de la société par vos travaux; mais aussi avez-vous la certitude qu'elles ne vous manqueront point, quand vous offrirez vos travaux en échange.

Que la société vous laisse donc pleinement libres de faire ces échanges comme il vous plaira, pleinement libres d'employer toutes vos facultés, tous vos talents, de la maniere qui vous agrée le plus, qui vous paroît la plus utile pour vous personnellement; qu'elle vous maintienne ainsi dans le droit de *propriété personnelle*, celle qui vous rend maîtres de disposer de vos individus, selon vos volontés, pourvu toutefois que vous ne les fassiez point servir à blesser les propriétés d'autrui : voilà tout ce que vous pouvez exiger de plus de la ſociété; & vous devez concevoir qu'un tel ordre public aſſure à vos ſens toutes les jouiſſances auxquelles il vous eſt poſſible de prétendre en ſociété.

Ce n'eſt pas que ces jouiſſances ne puiſſent, dans la ſuite, ſe multiplier pour vous; & vous devez obtenir cet avantage en proportion de l'agrément ou de l'utilité dont vos travaux ſeront à la ſociété. Mais, pour donner à ce même avantage la plus grande extenſion qu'il puiſſe avoir, qu'eſt-ce que la ſociété doit faire pour vous? elle doit vous aſſurer, dans toute ſa plénitude, la *propriété mobiliaire*, celle de vos ſalaires, de tous les biens mobiliers que vous acquérez par vos travaux & votre induſtrie; vous maintenir ainſi dans la pleine liberté de profiter de toutes les jouiſſances que vous pouvez vous procurer par le moyen de ces biens; &, en cela, l'ordre public ſe trouve être encore l'ordre le plus avantageux à vos ſens.

Je ſuppoſe donc que vous jugiez à propos d'employer vos richeſſes mobilieres à défricher des terres, à conſtruire les bâtiments que demande leur exploitation; en un mot, à faire toutes les dépenſes néceſſaires pour les rendre ſuſceptibles de culture. Que pouvez-vous exiger de la ſociété pour de telles entrepriſes? Toutes vos prétentions ne ſeront-elles pas remplies, ſi la ſociété vous conſtitue propriétaires incommutables des terres ainſi défrichées, par conſéquent pleinement libres d'en diſpoſer, de les employer à votre profit, d'en jouir enfin de la maniere qui vous convient le mieux, pourvu que cette maniere n'ait rien de préjudiciable aux propriétés des autres Citoyens?

En vertu de cette *propriété fonciere*, vous pouvez donc cultiver vos biens-fonds comme il vous plaît, ou les faire cultiver par qui bon vous ſemble: Mais, qu'eſt-ce que peut prétendre de plus encore un cultivateur? d'être maintenu par la ſociété dans la pleine propriété des récoltes qu'il obtient de la terre par les travaux & les dépenſes de ſes cultures ; de ſe trouver pleinement libre dans les diſpoſitions qu'il peut faire de ces récoltes, pour ſon utilité perſonnelle ; &, cela, ſous la condition commune de ne point faire entrer dans ces diſpoſitions, des moyens dont les propriétés d'autrui ſeroient bleſſées ; car enfin, il eſt évident pour tout le monde, que le droit de propriété ſuppoſe néceſſairement des hommes qui ſe ſoient mutuellement fait un devoir de le reſpecter les uns dans les autres (3).

---

(3) *Nota.* Conſidéré dans ſon principe & en ſpéculation, un droit réſulte de la nature des choſes ; mais conſidéré dans le fait & dans la ſûreté dont il a beſoin, un droit eſt une prérogative particuliere indépendante des forces ou de la foibleſſe perſonnelles de celui qui en jouit. Un droit ne peut donc s'établir réellement que par une convention expreſſe ou tacite qui en faſſe la ſûreté ; ſans cela, l'homme endormi n'auroit aucun des droits de l'homme éveillé ; ſans cela, ce ſeroit prendre le pouvoir pour un droit, & confondre ainſi toutes les notions.

Je ne craindrai point de trouver des contradicteurs, lorſque je dirai que parmi les hommes ſains de corps & d'eſprit, il n'eſt perſonne aſſez ſtupide, pour qu'on ne puiſſe lui faire concevoir que le droit de propriété eſt ainſi le *nec plus ultrà* des prétentions qu'il peut former en ſociété; que la liberté d'étendre l'exercice de ce droit à tout ce qui n'offenſe en rien les propriétés d'autrui, eſt la plus grande liberté dont il ſoit poſſible de jouir en ſociété.

Cependant, il eſt auſſi facile encore de comprendre, & même de ſe convaincre, qu'un ordre public conſéquent en tous points à ce même droit de propriété, eſt l'ordre le plus avantageux aux ſens. Eh, ne voit-on pas que les terres ne ſe fécondent, qu'en proportion des avances & des travaux que nous faiſons pour les féconder? Ne voit-on pas que ce qui peut engager les propriétaires fonciers & les cultivateurs à faire ces dépenſes & ces travaux, c'eſt la certitude morale de ne trouver, dans leur ſociété, aucun obſtacle aux profits qu'ils eſperent en retirer ? Ne voit-on pas enfin que cette certitude ne peut s'établir, qu'à la faveur du droit de propriété, & de la liberté qui en eſt inſéparable ? qu'ainſi, ce droit eſt le germe moral de la plus grande abondance poſſible dans les récoltes qu'un Corps politique peut ſe promettre de ſon ſol ?

On ſent bien que cette abondance, ſi avantageuſe aux propriétaires fonciers & aux cultivateurs, ne l'eſt pas moins encore aux autres hommes : elle leur offre plus d'occaſions pour employer leur induſtrie, & en même-temps elle leur permet d'obtenir plus de productions en échange de leurs travaux. Mais eſt-ce là que ſe bornent les avantages réſultants pour les ſens du droit de propriété ? Point du tout ; ſi ce droit féconde la terre, il féconde auſſi le génie ; il en déploie toutes les reſſources ; il exalte l'induſtrie ; il en fait monter au plus haut degré les talents & l'activité :

par-là, s'accroît l'utilité des matieres prémieres; par-là, leurs usages se diversifient de mille façons, & au moyen de cette diversité, les jouissances de nos sens se multiplient : voilà comme le droit de propriété constitue l'intérêt commun d'un Corps politique, en constituant chaque intérêt particulier.

Non, il ne faut point être un Philosophe profond, pour sentir & concevoir toute la nécessité des trois branches du droit de propriété, toute l'utilité dont elles sont au Corps politique, & à chacun de ses membres personnellement. Aussi, nos neveux auront-ils peine à croire que, dans un siecle lumineux comme celui-ci, quelques personnes se soient élevées publiquement contre ce droit naturel & divin. Mais le desir de faire le bien nous égarera toujours, lorsque, sur le choix des moyens, ne consultant pas la nature, nous suivrons follement des voies avec lesquelles ses loix immuables ne peuvent ſe concilier. Il eſt impoſſible d'imaginer un droit qui ſoit autre choſe qu'un developpement, une conſéquence, une application du droit de propriété. Otez le droit de propriété, il ne reſte plus de droits ; ôtez la loi de propriété, il ne reſte plus de loix : Etat gouvernant, Etat gouverné, tout tombe néceſſairement dans l'arbitraire, abîme, cahos affreux, où les prétentions s'entre-choquent ſans ceſſe ; où les devoirs ſont tour à tour exagérés & méconnus ; où le bonheur enfin eſt plutôt une ombre qu'une réalité, encore ne peut-on y atteindre, qu'en faiſant le malheur de ceux qu'on foule aux pieds.

Outre les propriétés perſonnelle, mobiliaire & fonciere, ſi eſſentielles à la formation d'une ſociété, il eſt encore des propriétés *communes*, & dont l'importance n'eſt pas moins ſenſible aux hommes les plus groſſiers.

Les objets de ces propriétés communes ſont les ports & les rades, les fleuves &

les rivieres, les ponts & les grands chemins, toutes les choſes dont l'uſage doit être commun à tous les citoyens. Quel eſt l'homme qui ne comprenne parfaitement & ſans peine, qu'il ſuffit à l'intérêt de ſes ſens d'être pleinement libre de jouir de ces objets; qu'il ne peut ni ne doit porter ſes prétentions, à cet égard, juſqu'à pouvoir empêcher les autres de jouir de la même liberté? (4)

Une fois qu'on a pénétré les hommes de ces premieres vérités, il ne s'agit plus que de leur expoſer les conſéquences néceſſaires qui en réſultent. Certainement, ils vous entendront tous, lorſque vous

---

(4) *Nota.* Les frais néceſſaires à l'entretien des propriétés communes, doivent être regardés comme des dépenſes communes; ils exigent donc l'inſtitution d'un revenu commun, par conſéquent des regles invariables pour l'adminiſtration de ce revenu, & qui ne permettent pas qu'il puiſſe être détourné de ſa deſtination au profit de quelques particuliers; ſans cela, tous les droits de propriétés, tant communes que particulieres, ſe trouveroient directement ou indirectement bleſſés.

leur direz que ſans la sûreté, un droit n'eſt point un droit; que du moins il n'en eſt point un dans le fait, s'il n'eſt indépendant des volontés arbitraires & de la puiſſance des autres hommes; qu'ainſi, le droit de propriété ne peut réellement exiſter pour eux, ſans la sûreté civile & politique qui doit le caractériſer. Ils vous entendront tous auſſi, lorſque vous leur repréſenterez qu'une telle sûreté ne peut s'établir que par la réunion de toutes leurs forces pour le maintien du droit de propriété; que par conſéquent il ne leur ſuffit pas de ſe ſoumettre unanimement au devoir rigoureux de reſpecter les propriétés d'autrui; qu'ils doivent encore s'impoſer celui de concourir à la sûreté commune de toutes ces mêmes propriétés, celui d'être toujours prêts à faire ce que cette sûreté commune exige d'eux néceſſairement.

Montrez-leur donc alors que la maniere de remplir un tel devoir, ſe trouve ſi ſagement combinée, & ſi clairement déterminée par les loix, qu'elle ne peut jamais avoir rien d'arbitraire, rien qui ne ſoit parfaitement conforme au véritable intérêt de leurs ſens ; vous ne pouvez manquer de les attacher à ce devoir eſſentiel, par l'attrait puiſſant de cet intérêt.

Cependant, pour rendre en cela votre ſuccès plus complet, il faut joindre à l'intérêt des ſens, celui de l'amour-propre ; faire connoître ſenſiblement que ce dernier doit être inſéparablement attaché à l'accompliſſement exact de tout ce que la sûreté commune exige de chaque particulier.

Ce ſecond objet de l'Inſtruction publique eſt, ſans contredit, le plus important. L'amour-propre eſt le grand reſſort de l'humanité : pour gouverner les hommes comme des hommes, c'eſt donc ce grand reſſort qu'il faut employer. Heureux, heureux les peuples qui, le regardant, d'après M. de Voltaire, comme *un préſent céleſte*, comme un moyen de *nous élever aux grandes actions*, feront aſſez éclairés, aſſez ſages, pour en faire l'inſtrument, je dis plus, le garant, le gardien de leurs mœurs, de leurs vertus, de tout ce qui doit concourir à leur bonheur.

Pour intéreſſer l'amour-propre à l'obſervation & au maintien d'un ordre public établi ſur le droit de propriété, la premiere choſe que doit faire l'Inſtruction publique, c'eſt de convaincre les hommes que cet ordre les rend tous égaux entre eux, autant qu'il leur eſt poſſible de l'être. Il eſt aſſurément aiſé de leur faire comprendre que, ni dans l'ordre de la nature, ni dans l'ordre de la ſociété, ils ne peuvent être égaux *dans le fait*, puiſqu'ils ſont naturellement inégaux en talents, en force, en facultés du corps & de l'eſprit; puiſqu'ils ſont encore ſujets à une multitude d'accidents qui ne ſont pas les mêmes pour chacun d'eux; puiſqu'enfin il n'eſt pas poſſible que, dans la ſociété, chaque Citoyen poſſede la même fortune, reſpire le même air, habite le même climat, ſuive la même profeſſion, rempliſſe les mêmes fonctions, exerce la même autorité.

Mais ce qu'ils ne peuvent être *dans le fait*, il doivent l'être *dans le droit* : chacun doit être également protégé par la loi de propriété, également indépendant de toutes volontés contraires à cette loi, également libre dans l'exercice de ſes droits de propriété. Voilà la véritable égalité ſociale, & l'amour-propre ne peut manquer de s'en contenter; car aſſurément, le ſimple bon ſens nous apprend qu'il eſt impoſſible à un ſeul homme de dominer arbitrairement tous les autres; qu'ainſi, tout ce que nous pouvons prétendre de plus à ce ſujet, c'eſt de n'être arbitrairement dominé par perſonne (5).

---

(5) *Nota.* Les partiſans de l'égalité *de fait*, égalité chimérique & contre nature, ont imputé au droit de propriété l'étendue démeſurée de pluſieurs fortunes : ils

Rien de plus commun, que de voir acheter l'honneur, l'eſtime de ſoi-même, & celle d'autrui, aux dépens de ſa fortune, de ſa ſanté, de ſa vie même. Autant l'amour-propre nous rend avides de ces jouiſſances; autant auſſi nous inſpire-t-il de l'averſion pour leur privation. Un homme déshonoré à ſes propres yeux & aux yeux d'autrui, eſt un malheureux qui ne peut plus ſupporter le fardeau de ſa douloureuſe exiſtence : un tel homme eſt Prométhée ſur ſon rocher; ſes remords ſont le vautour qui le déchire ſans ceſſe, & ſes maux, dit Séneque, ſont au-deſſus de toute expreſſion : *Superet conſcientia quidquid mali finxerit lingua.*

Mais, comme je l'ai précédemment obſervé, les jouiſſances & les tourments de

---

n'ont pas pris garde que ces fortunes ne doivent point leur formation au droit de propriété; mais tout au contraire, qu'elles ont été le produit des outrages faits au droit de propriété.

l'amour-propre ne ſont que des ouvrages de l'opinion ; & faute d'avoir connu les premiers principes de la vertu & du vice, de l'honneur & du déshonneur, il arrive ſouvent que l'opinion nous égare ſur ces objets ; qu'elle érige les vices en vertus ; qu'elle attache aux forfaits, une fauſſe gloire dont nous ſommes éblouis. C'eſt ce malheur affreux qu'il faut prévenir, en fixant parmi les hommes, les vraies notions qu'ils doivent avoir des vertus, des vices & des crimes, par conſéquent de la gloire, du déshonneur, & de l'infamie.

Où les puiſerons-nous, ces notions, où les puiſerons-nous ? Eſt-ce chez les anciens Philoſophes, chez les Moraliſtes, chez les Légiſlateurs ? Je ne vois dans leurs Ecrits ſublimes, que des maximes abſtraites, la plupart imaginées pour d'autres êtres que des hommes ; des regles de conduite tellement étrangeres à la nature, qu'elles mettent l'homme perpétuellement en contradiction avec lui-même. S'ils nous ont peint quelquefois de grandes vérités, ils n'ont jamais cherché à nous les rendre ſenſibles & intéreſſantes, à les réduire en pratique, en nous preſcrivant une méthode sûre pour ne point nous en écarter. Leurs grands mots, vuides de ſens, n'ont rien qui puiſſe les faire paſſer de l'oreille au cœur. Ils peuvent bien échauffer par la vivacité de leurs peintures, par la chaleur de leurs expreſſions; frapper ainſi quelques imaginations ardentes; faire naître un enthouſiaſme paſſager, un feu qui bientôt s'éteint de lui-même faute d'aliments: mais quelques éloges qu'ils donnent aux vertus, ils ne nous ont point appris pourquoi elles ſont néceſſairement vertus; ils nous laiſſent ignorer les rapports qu'elles ont avec l'intérêt général; ils ne nous les préſentent point comme étant les ſeuls & uniques moyens de concilier avec cet intérêt général, l'intérêt particulier de chaque individu: & quelqu'horreur qu'ils cherchent à nous inſpirer pour les vices & les crimes, ils ſe taiſent ſur les premiers principes, les principes naturels & immuables, d'après leſquels les vices & les crimes doivent être conſtamment reconnus & condamnés. Le Philoſophe célebre chargé de l'éducation d'Alexandre, doit être regardé comme le premier coupable des grands forfaits qu'une fauſſe idée de la gloire porta ce Prince à commettre.

Si nous conſultons l'hiſtoire & les exemples de toutes les Nations, nous ne ſerons pas mieux inſtruits. Ici, le vol à force ouverte obtient des éloges; là, le vol clandeſtin fut jadis applaudi; ailleurs, l'un & l'autre ſont réputés des crimes, excepté quand ils ſont faits ſur le public.

Ils ſe croyoient vertueux, ces fanatiques Spartiates, qui ſe faiſoient honneur d'étouffer tous les ſentiments de la nature; de mépriſer toutes les loix de la pudeur; de compter pour rien les droits ſacrés de l'Himen, la vie de leurs eſclaves & celle de leurs enfants. Ils ſe croyoient vertueux, tous ces Peuples idolâtres, qui se flattoient de se propicier leurs Dieux, tantôt par d'infâmes prostitutions, tantôt par des sacrifices horribles de victimes humaines, tantôt encore par d'autres pratiques moins criminelles, sans en être moins absurdes. Ils se croyoient vertueux, ces cruels Saxons, lorsqu'ils buvoient dans le crâne de leurs ennemis; ces Massagetes & ces Derbites, quand ils faisoient servir les morts de pâture à leurs parents; ces ambitieux Romains, qui ne connoissoient d'autres droits que ceux de la force, & qui, dans le sein de la paix, nourrissoient leur stupide férocité par des combats, des spectacles de sang, dont nous rougirions aujourd'hui.

Ne se croient-ils pas vertueux aussi, ces Sauvages du nord de l'Amérique, qui se font un devoir de massacrer leurs parents avancés en âge; ces barbares Asiatiques, qui, après la mort des maris, contraignent les femmes à se brûler toutes vivantes ; ces Pénitents de l'Inde, qui, plutôt que de se rendre utiles, se condamnent à passer leur vie chargés de chaînes, ou dans d'autres tourments qu'ils exercent volontairement sur eux-mêmes ; ces Brigands Afriquains, qui font publiquement profession d'être perpétuellement en guerre ouverte avec le genre humain.

Pour se dire vertueux, faut-il être l'ennemi ou l'ami de ses sens, un Cynique ou un Epicurien ? faut-il obéir & servir en esclave, ou penser & agir en homme libre ? faut-il pardonner les injures, ou en tirer vengeance ; & dans la maniere de se venger, exposer sa propre vie, ou prendre la voie de la trahison ? faut-il en un mot se montrer sensible, humain, bienfaisant ; ou se tenir toujours prêt, comme au siecle dernier, à embrasser des querelles étrangeres, à verser le sang de ses concitoyens, de ses amis mêmes, sans avoir aucun sujet de se plaindre d'eux ?

Pourquoi donc cette bigarrure monstrueuſe dans la morale ? Eſt-ce qu'il n'eſt point, dans la nature, de regles certaines & invariables pour diſcerner les vertus d'avec les vices & les crimes ? Ah, ne doutons point que ces regles exiſtent : mais pour les découvrir, il eſt une ſeule & unique route ; & c'eſt d'interroger la nature même ; de conſulter les loix générales & immuables qu'elle s'eſt preſcrites, les rapports que nous avons néceſſairement avec ces loix.

Par les loix de la nature, chaque homme eſt chargé, ſous peine de douleur & de mort, du ſoin de ſon exiſtence & de ſon bonheur. Son intelligence lui fut donnée pour le mettre en état de diſcerner les moyens de pourvoir à l'un & à l'autre : la raiſon conſiſte à connoître ces moyens, & la ſageſſe à les employer. En cela donc, s'il fait un bon choix, il ſe montre vraiment raiſonnable, vraiment ſage ; ſi au contraire il fait un mauvais choix, il agit en inſenſé, il eſt vicieux.

Les loix de la nature veulent aussi que les hommes ne puissent assurer réellement leur existence & leur bonheur, qu'à l'aide de leur réunion en société : or, il est sensible que la premiere des conditions essentielles à cette réunion, leur impose également à tous, l'obligation absolue de ne point s'entrenuire ; de respecter, les uns dans les autres, les droits inséparablement attachés à l'état d'homme vivant en société. Manquer à cette obligation, violer volontairement ces droits, c'est donc s'écarter d'un devoir essentiel ; c'est donc se rendre criminel, non-seulement envers les particuliers, dont les droits sont ainsi blessés ; mais même envers toute la société, dont les fondements se trouvent ainsi renversés.

Ces mêmes loix de la nature veulent encore qu'un intérêt commun soit notre seul & unique lien social. De-là suit que l'obligation de ne point s'entrenuire, n'est pas la seule qui soit essentielle à la formation des sociétés ; qu'il en est une seconde de la même importance, celle de se prêter une mutuelle assistance, de faire tout ce que l'intérêt commun exige de nous. D'après cette vérité frappante, il est clair qu'on ne peut, sans crime, ne pas remplir les devoirs particuliers que l'ordre public nous impose personnellement à cet égard ; c'est briser le lien social, c'est détruire l'essence de la société, c'est se rendre coupable de tous les maux qui doivent en résulter. Il est clair aussi que remplir fidelement ces mêmes devoirs, c'est agir conformément à la saine raison, c'est être juste, c'est être vertueux. Il est clair enfin que dans la société, notre maniere d'être, notre personnel doit être réputé plus ou moins vertueux, selon qu'il est plus ou moins convenable à l'utilité commune de la société.

Rien de plus simple donc que les principes fondamentaux de la morale universelle, que les vraies notions qu'on doit se former, dans tous les pays du monde, des vices, des crimes, & des vertus:

LES VICES SONT EN NOUS CE QUI NOUS DÉGRADE, CE QUI NOUS NUIT A NOUS-MÊMES: LES CRIMES, CE QUI NUIT DIRECTEMENT AUX AUTRES: LES VERTUS, CE QUI DEVIENT UTILE A TOUS.

Démontrons maintenant par quelques exemples la justesse de ces définitions.

L'utilité commune résultante de la bienfaisance, de la compassion, de tous les autres sentiments qui nous intéressent fortement aux maux de nos semblables, les a fait placer, & à juste titre, au rang des vertus. Que penserions-nous cependant d'un particulier qui, pour obliger des malheureux, disposeroit du bien d'autrui? d'un Magistrat qui, par pitié, se refuseroit à punir les coupables? de tout autre qui, par le même motif, s'opposeroit au cours ordinaire de la Justice? Certainement ces sentiments si précieux ne seroient plus, à nos yeux, que des foiblesses criminelles & honteuses: en perdant l'utilité dont ils ſont, ils perdroient tout leur mérite, tout leur éclat.

La bravoure, cette force d'ame qui nous rend inacceſſibles à la crainte de la mort, eſt certainement une vertu; mais par quelle raiſon eſt-elle une vertu? par la néceſſité dont elle eſt à la ſûreté commune de la ſociété : auſſi ceſſe-t-elle d'être une vertu, pour devenir un vice & même un crime, lorſqu'elle eſt employée à troubler l'ordre public & la paix intérieure de la ſociété : & voilà pourquoi elle eſt punie du dernier ſupplice dans les voleurs de grands chemins, tandis qu'elle eſt couronnée de lauriers, lorſque, guidée par la Juſtice, elle ſe conſacre au ſervice de l'intérêt commun.

L'amitié, cette fille du ciel deſcendue ſur la terre pour le bonheur des humains, n'en devient-elle pas le fléau, ne ſe change-t-elle pas en aveuglement criminel, lorſque, nous faiſant oublier nos devoirs, elle nous rend injuſtes? Tout doit ſe rapporter à l'intérêt commun ; tout doit ſe régler par la loi ſacrée de l'intérêt commun : dans tous les cas, les qualités morales doivent être ſoumiſes à cette loi ; jamais, jamais il ne leur ſera permis de s'en écarter. Si vous cherchez pourquoi l'économie dégénere en avarice ; le déſintéreſſement en profuſion ; la libéralité en prodigalité ; la prudence en timidité ; enfin notre ſenſibilité pour l'honneur & le déshonneur en manie inſociable, en fanatiſme orageux : vous trouverez que toutes ces qualités ne ſont ainſi dénaturées, que pour avoir paſſé les bornes marquées par l'intérêt commun.

Une grande preuve de la juſteſſe des notions que je viens de donner de ce qui conſtitue néceſſairement les vertus, les vices & les crimes, c'eſt qu'elles nous mettent en main une meſure invariable & ſûre, pour apprécier ſans peine toutes les actions des hommes. Oui, d'après ces notions, il n'eſt pas une action qui ne ſoit jugée d'avance : oui, le rang qu'elle doit tenir dans nos opinions, eſt d'avance marqué par la grandeur du bien ou du mal qu'elle produira ; par la nature de ſes rapports avec l'intérêt commun, de ſon influence ſur cet intérêt.

Plût au Ciel que ces vérités n'euſſent été jamais ignorées ! Que de déſordres, que de maux auroient été bannis des ſociétés politiques, ſi dans tous les temps, ceux qui ont été appellés à les gouverner, avoient été convaincus que rien n'eſt glorieux s'il n'eſt juſte, que rien n'eſt juſte s'il n'eſt conforme à l'intérêt commun ! Sans ceſſe ils ſe ſeroient dit eux-mêmes au fond de leurs cœurs : ſi les vices flétriſſent les hommes privés, combien, à plus forte raiſon, ne ſont-ils pas honteux dans les Princes, qui doivent l'exemple, & ſur qui tous les yeux ſont ouverts ? ſi les crimes commis envers quelques particuliers ſeulement, ſont des actions infâmes ; que penſer donc de ceux qui affligent tout un peuple ? Eclairés par cette lumiere, ils auroient vu d'avance leur honte, leur déshonneur dans chaque abus de leur pouvoir arbitraire : alors ce ſpectacle révoltant, ce ſpectacle dont la flatterie n'auroit pu ni détourner leurs yeux, ni adoucir l'horreur, les auroit empêchés de ſacrifier à leur ambition, à leur orgueil, à d'autres paſſions, la fortune, le repos & le ſang de leurs Sujets ; alors auſſi, peres tendres de leurs peuples, alliés pacifiques de leurs voiſins, amis ſolides de tous les hommes, on les auroit vus rechercher avec empreſſement la douce & vive ſatisfaction d'être adorés au-dedans, la noble & véritable gloire d'être admirés & reſpectés au-dehors.

Voulez-vous voir maintenant combien ces mêmes vérités ſont fécondes, combien elles importent au bonheur de l'humanité ? Regardez toutes les Nations naturellement unies entre elles par une réciprocité de beſoins, par les nœuds d'une utilité mutuelle, cherchant à resserrer encore ces nœuds naturels, par des traités qui puissent faire la sûreté commune de leurs possessions, de leur liberté, des avantages qu'elles doivent se communiquer réciproquement par le commerce.

Considérez donc ces diverses sociétés particulieres, comme autant de classes d'une seule & unique société universelle établie, par l'ordre même de la nature, sur un intérêt commun, dont elles ne peuvent violer les loix qu'à leur détriment; considérez que propriété, liberté, sûreté, constituent l'intérêt commun de ces différentes classes, comme celui des différents particuliers qui les composent : alors vous reconnoîtrez que les principes de morale dont il s'agit ici, embrassent toute l'espece humaine, tous les Corps politiques; que dans les rapports nécessaires de ces Corps entre eux, c'est par ces mêmes principes qu'on doit juger de ce qui est juste ou injuste, vertueux ou criminel, glorieux ou infâme.

Par-tout où régnera cette morale bienfaiſante, avec elle regneront auſſi néceſſairement la juſtice, la paix & le bonheur : les peuples qui l'auront adoptée, ne ſeront plus aſſez inſenſés, pour s'immoler eux-mêmes ſur les Autels qu'ils ont la ſtupidité d'élever à la cruelle manie des conquêtes, cette rage, cette fureur aveugle, qui prend le pouvoir pour un droit, & change l'homme en bête féroce. Guidés par une connoiſſance exacte de leur intérêt commun, unis entre eux par ce lien politique indiſſoluble, ces peuples ne formeront plus qu'un ſeul & même empire; ils ſe trouveront gouvernés par la même loi, ſoumis à la même autorité, & cette autorité ſera celle de la raiſon, celle de leur intérêt particulier légitime & combiné dans cet intérêt commun (6).

La morale eſt faite pour devenir un at-

---

(6) *Nota.* Je crois devoir publier ici un trait récent & bien analogue à l'eſprit de fraternité qui devroit regner entre toutes les Nations policées. Le Roi de Suede,

tribut de l'ame, une qualité du cœur; & non pour reſter une ſcience ſtérile, un vain ornement de l'eſprit. Ce n'eſt donc point aſſez de poſer les fondements naturels & invariables de la morale univerſelle; d'enſeigner aux hommes en quoi conſiſtent la gloire & l'infamie, les vertus, les vices & les crimes : il faut encore mettre tout en uſage pour augmenter en eux les effets que cette connoiſſance doit y produire, l'horreur des crimes & l'amour des

---

s'étant perſuadé que nous avions beſoin de bled, vient d'en envoyer, en préſent, au Roi de France, dix mille ſeptiers. De tels procédés ne ſont point dictés par *la ſombre politique au cœur faux, à l'œil louche* : les principes que les Economiſtes prêchent, & que le Roi de Suede met en pratique dans ſes Etats, lui font abhorrer les conſeils perfides de ce monſtre deſtructeur. Quel bonheur pour notre continent, ſi l'exemple que ce Prince vient de lui donner, pouvoit y être ſuivi! Je ne ſaurois trop engager mes lecteurs à méditer les effets qui en réſulteroient; à ſe former un tableau de la félicité dont jouiroit l'Europe entiere, ſi les divers peuples qui l'habitent, au lieu de s'occuper ſans ceſſe des moyens de ſe nuire les uns aux autres, ſe faiſoient un devoir & une gloire de s'entreſecourir.

vertus ; chercher par conféquent à développer, à exalter leur amour-propre : car de même que cette fenfibilité naturelle eft fufceptible de s'accroître par la culture ; de même auffi diverfes circonftances peuvent parvenir à l'étouffer, à lui faire perdre du moins fon énergie, fon élafticité.

Pour cultiver, pour féconder ce germe puiffant, en un mot, pour imprimer aux hommes un grand refpect pour eux-mêmes, il eft indifpenfable de leur donner une jufte & haute idée de leur efpece ; de leur montrer qu'en leur qualité d'êtres intelligents, ils font appellés à un genre de perfection totalement étranger aux brutes, & qui leur donne des rapports avec la Divinité ; de leur faire voir que cette perfection, qui eft dans les vues de leur Créateur, & qui doit être leur propre ouvrage, doit leur être auffi d'autant plus précieufe, qu'elle leur affure un empire abfolu fur leurs fens, qu'elle devient ainfi néceffaire à leur félicité, non-ſeulement pour la vie préſente, mais encore pour la vie future.

Il ne ſuffiroit pas cependant que les hommes euſſent une grande idée d'eux-mêmes comme hommes, s'ils n'avoient encore une grande idée d'eux-mêmes comme citoyens : De-là ſuit qu'un ſecond moyen infaillible de porter l'amour-propre à ſon plus haut degré d'exaltation, ſecond moyen qui doit s'unir avec le premier; c'eſt de tenir cet amour-propre toujours en action; c'eſt de l'intéreſſer perſonnellement à tous les actes de la vie publique & privée. Mais un plan ſi ſage, ſi conſéquent à la nature de l'homme, ne peut être exécuté que par le Gouvernement même : Ce plan important requiert une chaîne de Polices, de diverſes inſtitutions, qui toutes enſemble concourent au même but, celui de rendre les citoyens ſenſibles à la difformité des vices & des crimes, à l'attrait des vertus, à l'honneur enfin d'être, dans tous les temps, tels que l'intérêt commun veut qu'ils ſoient.

INSTITUTIONS SOCIALES,

DONT

L'INSTRUCTION PUBLIQUE A BESOIN.

XÉNOPHON ne pouvoit comprendre qu'on n'eût jamais ſongé à gouverner les hommes comme des hommes ; tandis que, dans notre maniere de conduire les brutes, nous avons grand ſoin de conſulter leurs diſpoſitions naturelles, le vœu de leur organiſation. Gouverner les hommes comme des hommes, c'eſt ſuivre les voies de la nature, c'eſt les conduire par l'attrait de leur intérêt perſonnel ; attrait qui ne peut agir ſur eux, qu'autant que cet intérêt leur eſt parfaitement connu.

Gardons-nous de mettre l'eſpece humaine dans la néceſſité de ne pouvoir ſe procurer les jouiſſances des ſens, qu'aux dépens de celles de l'amour-propre, ou les jouissances de l'amour-propre, qu'aux dépens de celles des sens. Cette position bizarre, cette position qui, dans l'ordre des choses humaines, suppose une morale purement factice, ne pouvant se rencontrer que dans le tourbillon des fausses opinions, on ne peut alors se flatter de conduire les hommes par l'attrait de leur intérêt personnel. La raison en est bien simple : toujours placés entre deux intérêts opposés, les impulsions qu'ils en reçoivent, agissent & les pressent en sens contraire ; dans cet état de trouble & de confusion, dans cet état où l'homme des sens est toujours en guerre avec l'homme de l'amour-propre, il est impossible de leur donner une direction constante, parcequ'il est impossible de faire en sorte que le même intérêt soit toujours dominant. Cet intérêt personnel, dont l'attrait doit être le grand ressort d'un Gouvernement, ne peut donc être autre chose, que l'intérêt de l'amour-propre parfaitement d'accord avec celui des ſens.

Que ſert d'enſeigner dans les écoles en quoi conſiſtent les vertus, les vices & les crimes ? que ſert de peindre avec les plus fortes couleurs la difformité des vices & des crimes, les charmes & la beauté de la vertu ? l'homme n'agit que pour ſon intérêt perſonnel : ſi le Gouvernement eſt aſſez mal organiſé pour que les vertus nuiſent à ceux qui les pratiquent, pour que les vices & les crimes puiſſent devenir utiles à ceux qui ſe les permettent ; comptez que toutes ces belles leçons ne produiront aucun effet, ſur-tout ſi l'intérêt de l'amour-propre s'unit à celui des ſens pour porter les hommes à la corruption ; & c'eſt le cas de tous les Gouvernements arbitraires, de tous les Gouvernements ſous leſquels une lâche & criminelle complaiſance, une obéiſſance ſervile & honteuſe tiennent lieu de talents & de vertus.

Nous sommes tous naturellement avides d'honneurs, d'estime, de considération publique, naturellement avides d'un rang distingué dans les opinions d'autrui : si donc les vertus éloignent de ces jouissances, si les vices & les crimes y conduisen, je demande, avec Juvenal, quels sont les hommes qui voudront être vertueux, ayant tant d'intérêt d'être vicieux :

Quis enim virtutem amplectitur ipsam,
Præmia si tollas?

Je sais que dans cet état de désordre, il est encore un frein par lequel nous pouvons être contenus, & c'est le besoin que nous avons de l'estime de nous-mêmes. Mais qu'il est peu d'hommes que ce sentiment intime puisse décider à braver le mépris public & l'humiliation ! Il faut qu'ils portent sur la poitrine une triple cuirasse ; *æs triplex, triplex robur* ; il faut, qu'ayant gravé profondément en eux les vraies idées de la vertu, ils soient tellement modifiés par la contemplation habituelle de ces idées, que rien ne puiſſe plus les en ſéparer, & que leur ame, ſatisfaite d'elle-même, trouve, dans le témoignage de la conſcience, les jouiſſances néceſſaires à ſa félicité.

Ah, combien de combats de nous-mêmes contre nous-mêmes n'avons-nous pas à livrer, avant que de parvenir à ce degré de force & d'élévation! N'eſt-il pas plus facile & plus naturel de s'excuſer ſoi-même à ſes propres yeux? d'accommoder ſes opinions particulieres à l'opinion publique? de ſe laiſſer ainſi emporter par le torrent de l'exemple, plutôt que de travailler ſans ceſſe à lui réſiſter? Auſſi, eſt-ce là ce qui arrive ordinairement dans les ſociétés corrompues: *Magis ſuadent exempla, quàm verba.* Chaque Citoyen ſe fait un ſyſtême particulier analogue au ſyſtême général; il ſe repréſente la ſociété comme un état de guerre, qui autoriſe tous les moyens de vaincre ſes ennemis; il ſe perſuade que les vertus qui conviennent à l'état de paix, de justice & d'union, n'ont rien de commun avec cet état de guerre; qu'ainsi leur application ne devant pas avoir lieu, elles ne sont point pour lui dans la pratique, ce qu'elles sont dans la spéculation.

Je le répete encore; pour des êtres destinés à ne chercher que leur intérêt personnel, l'attrait des vertus n'est autre chose que l'utilité des vertus; de même l'horreur des vices & des crimes n'est autre chose, que l'aversion des maux dont ils sont nécessairement suivis. Pour attacher à la vertu les membres d'un Corps politique, il est donc d'une indispensable nécessité que ce Corps soit organisé de maniere à leur rendre utile la pratique de la vertu; que son Gouvernement soit assez sagement combiné, pour que personne ne puisse devenir vicieux, sans se rendre malheureux; pour que personne encore ne puisse se rendre heureux, qu'en devenant vertueux.

Or il eſt évident qu'un Gouvernement ne peut parvenir à ce degré de perfection, qu'autant qu'il a pris toutes les meſures poſſibles, pour que l'intrigue & la faveur ne diſpenſent point du mérite & des vertus; en un mot, pour que toutes les récompenſes dues aux vertus leur ſoient toujours aſſurées; qu'ainſi les intérêts des ſens concourent avec ceux de l'amour-propre, à imprimer fortement aux hommes l'amour des vertus.

Je dirai d'abord avec Longin, *que l'eſclavage eſt une priſon étroite, dans laquelle l'ame s'énerve & ſe flétrit.* Cette vérité ſe trouve juſtifiée par une ſuite d'exemples ſi conſtants, ſi uniformes, qu'elle ne peut être contredite. L'ame d'un eſclave, affaiſſée ſous le poids de ſes chaînes, tombe dans une ſorte de léthargie, perd ſa ſenſibilité, ſon reſſort, les principales facultés qui la caractériſent : un tel homme n'eſt plus un homme. Auſſi, l'eſclavage eſt-il le néant des vertus, la ſource & l'aſſemblage de tous les vices : auſſi, eſt-ce dans le ſentiment intime de leur liberté & de leur égalité, que les hommes puiſent une grande idée d'eux-mêmes comme Citoyens ; auſſi pour les rendre vertueux, la premiere, condition eſſentielle eſt-elle de les rendre libres & égaux ; de les faire jouir de la plus grande liberté, de la plus parfaite égalité qu'ils puiſſent raiſonnablement deſirer.

On jouit pleinement de cette liberté & de cette égalité, quand on ne dépend que *des choſes*, & non *des perſonnes*. Dépendre des choſes, c'eſt être dans l'obligation de ſe conformer aux loix invariables de la nature ; dans l'obligation d'employer les cauſes pour obtenir les effets. Certainement il n'eſt pas au pouvoir des hommes de s'en affranchir : s'ils veulent recueillir, il faut qu'ils ſement ; & il en ſera de même dans tous les rapports qu'ils ont avec l'ordre phyſique, comme êtres physiques. Leur dépendance des choses est donc une dépendance physique, une dépendance nécessaire, qui ne blesse en rien ni la liberté, ni l'égalité qu'ils peuvent prétendre en société.

Il n'en est pas ainsi de la dépendance des personnes : elle n'est qu'un désordre moral qui nous tient soumis sans nécessité, & contre notre propre intérêt, aux volontés arbitraires d'autrui. Il est évident qu'une telle dépendance est incompatible avec la liberté & l'égalité, incompatible même avec l'état de société; car elle n'est au fond qu'un état d'oppression : or on sent bien qu'il ne peut exister une véritable société entre des oppresseurs & des opprimés.

Ce n'est pas cependant que, dans l'ordre social, chaque homme puisse & doive être, à tous égards, indépendant de tous les autres hommes : on peut dire au contraire qu'ils sont tous dépendants les uns des autres, parcequ'ils ont tous besoin les uns des autres. Mais prenez garde ; cette chaîne de dépendances réciproques, ainsi fondée sur nos besoins, ainsi formée par les loix de la nature, doit être constamment réglée par ces mêmes loix ; & dans ce cas, n'étant plus au fond que notre dépendance naturelle des choses, elle n'a rien d'arbitraire, rien qui puisse blesser notre liberté.

La dépendance des personnes se trouvera complettement bannie d'un Gouvernement, lorsque chaque Citoyen sera dans le cas de voir qu'il ne dépend que de sa propre volonté. Cette proposition paroîtra peut-être un paradoxe ; mais la démonstration de sa justesse n'a besoin que d'un léger développement.

L'intérêt commun n'est que le résultat & l'accord de tous les intérêts particuliers raisonnables & bien entendus. Point de doute que celui qui les connoît, ne veuille ce qui leur convient ; point de doute que les loix par lesquelles il desire d'être gouverné, ne ſoient des loix conformes à l'intérêt commun; car, à coup sûr, chacun veut des loix conformes à ſes véritables intérêts. Si nous ſuppoſons donc des hommes éclairés, & un Corps politique dont toutes les loix ſoient puiſées, comme elles doivent l'être, dans l'intérêt commun, ſoient par conſéquent conformes à chaque intérêt particulier raiſonnable; il eſt clair que de telles loix ſe trouvent conformes auſſi à chaque volonté particuliere; que chaque membre de ce corps eſt un Légiſlateur, qui n'obéit qu'à ſes propres volontés, parcequ'il n'obéit qu'à ſes propres loix. Dans cette ſuppoſition, les Citoyens ſe verront donc auſſi libres qu'ils peuvent le prétendre, lorſque le Gouvernement aura pris toutes les meſures, & formé tous les établiſſements néceſſaires, pour que les loix gouvernent toujours; j'entends, pour qu'aucune volonté particuliere ne puiſſe jamais s'élever, du moins publiquement & impunément, au-dessus des volontés communes, dont de telles loix ne sont que l'expression (7).

---

(7) *Nota.* Jamais une loi ne peut être indifférente; elle est nécessairement juste ou injuste, utile ou nuisible, parcequ'elle est nécessairement conforme ou contraire à l'intérêt commun. Il n'y en a donc que de deux especes, de bonnes & de mauvaises. Desquelles veut-on parler, quand on recherche à qui la puissance législative appartient & doit être confiée? Je ne crains pas d'avancer que les Politiques qui ont traité cette question, ne l'ont pas entendue; car elle n'est point une question : En voici la preuve.

Si par la puissance législative, on entend la liberté de faire arbitrairement de mauvaises loix; certainement elle ne doit appartenir à personne; certainement encore elle ne peut être exercée par personne, si ce n'est dans l'état d'ignorance, état incompatible avec l'essence d'un véritable Corps politique. Si au contraire le nom de puissance législative ne désigne que le droit & le pouvoir d'instituer de bonnes loix, alors il sera clair qu'une telle puissanee ne peut être autre chose, que le Corps politique même; car les bonnes loix ne peuvent être que les expressions de ses volontés communes, puisque les loix ne se trouvent bonnes, qu'autant qu'elles sont dictées par son intérêt commun, & qu'un véritable Corps politique suppose nécessairement des hommes qui connoissent parfaitement cet intérêt, qui veulent par conséquent ce qui lui convient.

On demandera, ſans doute, comment il eſt poſſible que les loix gouvernent toujours : elles n'ont, dira-t-on, ni bou-

---

Dans la puiſſance légiſlative, il faut diſtinguer le droit de dicter de bonnes loix, & le pouvoir de les faire obſerver. Les bonnes loix étant toutes faites d'avance, ayant Dieu même pour Inſtituteur, le droit de les dicter ne peut appartenir qu'à celui qui les connoît, ne peut appartenir qu'à la raiſon : quiconque participe à la raiſon, participe donc auſſi à la puiſſance légiſlative, puiſqu'il veut alors ce que veut la raiſon. Quant au pouvoir de faire obſerver les loix, il eſt évident qu'il ne peut réſider que dans la force publique, dans cette force commune que les membres d'un Corps politique forment par la réunion de leurs forces particulieres. Sous ce dernier point de vue, chacun de ces membres participe donc encore à la puiſſance légiſlative, puiſqu'il fait partie de la force publique dont les loix doivent être armées, pour jouir de l'autorité qui leur convient.

Ce n'eſt pas cependant qu'une ſociété ne puiſſe confier à un petit nombre, & même à un ſeul homme, le pouvoir légiſlatif : mais encore faut-il qu'elle ait des loix fondamentales & invariables, auxquelles par conſéquent ce Légiſlateur ne puiſſe abſolument déroger; ſans cela, l'inſtitution d'un tel pouvoir ſeroit l'abolition de toutes les loix, la deſtruction de tous les droits; auquel cas plus d'intérêt commun, plus de lien politique, plus de ſociété.

che ni bras ; elles ne peuvent parler & agir que par l'entremiſe de quelques hommes ; & de-là réſultera que ceux qui prêteront ainſi leur miniſtere aux loix, gouverneront toujours arbitrairement ſous le nom des loix. Cette objection eſt facile à réſoudre ; on ſe garderoit même de la propoſer, ſi l'on n'abuſoit du mot *loix*, pour les confondre toutes ſous la même dénomination.

Les membres d'un Corps politique ont entre eux deux ſortes de rapports : ils en ont comme hommes privés ; ils en ont auſſi comme hommes publics. Comme hommes privés, comme ſimples particuliers, ils ont des droits & des devoirs réciproques : à cet égard, les loix ne ſont autre choſe, qu'un tableau fidele, qu'un ſigne ſenſible de ces droits. Elles conſtituent donc, dans un Gouvernement, ce qu'on appelle la juſtice diſtributive ; & leur objet eſt d'aſſurer les prétentions légitimes de chaque Citoyen, en établiſ-

ſant

ſant des peines & des réparations proportionnées aux délits de ceux qui les bleſſent.

De telles loix, pour ſe trouver parfaitement conformes à l'intérêt commun, ne doivent être que des développements du droit de propriété, que des applications de cette loi commune & fondamentale à différents cas particuliers & prévus. Alors la ſimplicité de ces loix, la clarté de leurs applications, ne laiſſent rien d'arbitraire dans l'adminiſtration de la Juſtice, ne permettent pas que les Citoyens qui en ſont chargés puiſſent abuſer de leurs fonctions, pour prononcer, au nom des loix, d'autres jugements que ceux qui ſont d'avance dictés par les loix.

Oui, chez une nation éclairée, & conſtituant un véritable Corps politique, un Corps actif par lui-même & non purement paſſif, toute contravention volontaire en cette partie doit être regardée comme impraticable, lorſque chacun des

Corps de Magiſtrature, toujours ſurveillé par cette nation, ſera nombreux ; lorſque les membres de ce Corps ſe trouveront appellés à cet important miniſtere par le vœu de la nation ; qu'ils ſeront ainſi, dans leurs fonctions, les vrais repréſentants de la nation ; que par conſéquent les jugements rendus par eux ſeront réputés rendus par la nation.

Je conviens cependant que les Corps de Magiſtrature ne peuvent être ainſi compoſés, qu'autant que l'arbitraire eſt abſolument exclu du choix qu'on doit faire de leurs membres ; mais cette excluſion ne peut manquer, dès qu'un Corps politique eſt bien organiſé, dès que les loix de ſa conſtitution ſont en tout point conformes à ſon intérêt commun (8).

---

(8) *Nota.* Ce n'eſt pas à dire que chaque fois qu'une place de Magiſtrature devient vacante, il faille que la Nation s'aſſemble pour y nommer elle-même. Pour remplir cette vue politique, il ſuffit d'établir des regles qui aſſurent ces places au mérite publiquement reconnu : alors

Les loix de conſtitution ſont celles qui déterminent tous les mouvements d'un Corps politique. Occupées des rapports que les membres de ce Corps ont entre eux, comme hommes publics, comme aſſujettis à des devoirs ſans leſquels l'ordre public ne pourroit ſe maintenir, elles réglent tous ces devoirs, en fixent les bornes & l'étendue, preſcrivent à tous égards la maniere de les remplir. C'eſt de ces loix particulierement qu'il s'agit, quand on dit que les loix doivent toujours gouverner. Eh, qui pourroit les en empêcher, quand elles forment une conſtitu-

---

toute nomination faite ſuivant ces regles doit être réputée faite par la Nation, puiſqu'elle produit l'effet que ſe propoſe la Nation.

D'ailleurs, quand je dis que les Magiſtrats ſont, dans leurs fonctions, les vrais Repréſentants de la Nation, il faut renfermer cet honneur dans les bornes de leur miniſtere : comme organes des loix, ils ſe trouvent être auſſi les organes de la Nation, dans tous les cas où les loix ont à parler; mais en cette qualité, ils ne peuvent étendre plus loin leur autorité.

tion réguliere ? fideles expressions des volontés communes & invariables du Corps politique, elles ne peuvent cesser d'avoir derriere elles la force commune, la force publique de ce corps ; elles se trouvent ainsi toujours armées d'un pouvoir suffisant, pour réprimer, pour faire rentrer dans le devoir, quiconque voudroit s'élever contre leur autorité.

Quand je dis que ces loix ont toujours derriere elles la force publique, lorsqu'elles forment une constitution réguliere, il faut entendre par cette constitution, celle qui assure au Corps politique, le caractere essentiel qu'il doit avoir, la faculté de s'assembler en corps, de délibérer en corps, d'agir en corps. Ce n'est que par cette faculté, qu'il existe réellement, qu'il est réellement un Corps actif & capable de fonctions : tant qu'il en jouit, la dispersion de ses membres n'est pour lui qu'un sommeil, pendant lequel les loix de sa constitution veillent à sa conservation ;

mais ſi-tôt qu'une telle faculté lui eſt ravie, cette diſperſion eſt l'état de mort.

Non, ſans cette faculté vivifiante, un peuple ne peut jamais ſe regarder comme un véritable Corps politique : s'il forme un Corps, c'eſt tout-au-plus un Corps paſſif ; il n'eſt qu'une multitude plus ou moins nombreuſe d'eſclaves, ſous la domination d'une puiſſance quelconque ; qu'un troupeau d'animaux domeſtiques, dont une volonté étrangere, une volonté qui n'eſt point la leur, diſpoſe toujours à ſon gré, & ſans les conſulter.

Chez un tel peuple n'allez pas chercher des vertus ; s'il en exiſte, elles ſe condamnent à l'obſcurité ; elles ſe tiennent cachées, parcequ'elles ne peuvent ſe montrer ſans danger. Mais lorſque par ſa conſtitution même, un Corps politique eſt compté pour tout, que ſon intérêt commun eſt tout, que ſa volonté commune eſt la loi ſuprême, chaque membre de ce Corps ſe regarde, & avec raiſon, comme membre du Souverain : il ne manque point alors d'avoir une grande idée de lui-même comme Citoyen, & il ſe reſpecte d'autant plus, qu'il ne peut que perdre, que ſe dégrader, par des vices ou des crimes, au lieu qu'il ne peut que gagner, que ſe couvrir de gloire, en étalant des vertus (9).

Il eſt cependant une nation qui doit

---

(9) *Nota*. Quoique je donne ici la qualité de Souverain à un véritable Corps politique, il n'en eſt pas moins néceſſaire que la forme de ſon Gouvernement ſoit Monarchique, & que la Monarchie y ſoit héréditaire : c'eſt l'unique moyen de rendre les intérêts perſonnels du Monarque inſéparablement liés à l'intérêt commun ; c'eſt l'unique moyen encore de prévenir les grands déſordres qui naiſſent des prétentions arbitraires dans les Monarchies Electives.

Un véritable Corps politique eſt un composé d'hommes qui, convaincus qu'ils ont tous le même intérêt, ſe trouvent n'avoir tous qu'une ſeule & même volonté, ne conſtituer ainſi qu'une ſeule & même force, par conſéquent qu'une ſeule & même autorité : cela poſé, il eſt impoſſible que cette autorité ne ſoit abſolue, ne ſoit ſouveraine, puiſqu'elle n'eſt contrariée par aucune autre. En deux mots, il faut bien qu'un tel Corps ſoit le Souverain, puiſque tous être regardée comme un véritable Corps politique, quoique depuis long-temps elle n'ait plus la faculté de s'assembler; mais elle a des loix fondamentales confiées à la garde de la Magistrature, & ses Monarques se reconnoissent *dans l'heureuse impuissance de les changer*; mais son amour pour ses Rois fait qu'elle ne voit jamais dans son Maître, qu'un

---

ses membres, compris leur chef, ne forment ensemble qu'un seul & même individu moral.

Un tel Souverain cependant ne peut agir toujours par lui-même : car, pour qu'il puisse agir par lui-même, il faut que ses membres soient rassemblés, soient réunis en corps, ce qui ne peut avoir toujours lieu. Mais cela n'empêche pas que pendant leur dispersion, les loix qu'ils ont établies pour leur intérêt commun, & par leur volonté commune, ne doivent être fidelement observées; & c'est pour assurer cette observation, que le Corps politique a besoin d'être représenté par des Magistrats occupés à rendre la justice aux particuliers, mais principalement par un Dépositaire unique de son autorité souveraine, & qui, en cette qualité, soit chargé de veiller au maintien de l'ordre public, à la sûreté commune du Corps; de faire enfin tous les actes de souveraineté que l'intérêt commun peut requérir. Outre les titres de Roi, de Monarque, de Chef du Corps politique, ce Dépositaire porte

pere à la tendresse duquel elle doit s'abandonner sans réserve : & ces sentiments, innés chez elle, formant un lien réciproque entre elle & ses Souverains, forment aussi une exception à la regle générale ; ils la mettent dans le cas de n'avoir pas besoin de cette faculté : il faudroit que ses loix fondamentales fussent méconnues, fussent ouvertement

---

encore celui de Souverain ; & c'est avec raison, puisque lui seul représente la Nation en son entier, dans toute sa splendeur, dans toute la plénitude de sa souveraineté.

Il est vrai que dans l'exercice de cette souveraineté, un tel Représentant est tenu de se conformer aux loix établies par le Corps politique ; mais aussi cette obligation, rendant utile à tous son auguste Ministere, est-elle ce qui rend sacrée la personne de ce Ministre, ce qui en fait la sûreté & celle de son autorité. Un Roi ne pourroit desirer d'être affranchi d'une telle obligation, que pour avoir la liberté de blesser arbitrairement l'intérêt commun ; mais comment pourroit-il user d'une telle liberté, sans se déclarer ouvertement l'ennemi du Corps politique ? & comment alors pourroit-il être assuré de conserver son autorité ? Je dis plus : comment pourroit-il détruire le droit de propriété, la liberté, la sûreté, sans détruire en même-temps les germes de la richesse nationale, de la population, de l'industrie, des vertus morales, de tout ce qui constitue la puissance d'un Empire ?

attaquées, pour qu'un tel beſoin ſe fît ſentir.

Je paſſerois les bornes que j'ai dû me preſcrire dans ce Mémoire, ſi j'inſiſtois plus long-temps ſur ces objets. Qu'on ſe repréſente une ſociété d'hommes éclairés ſur ce qui conſtitue leur véritable intérêt commun; qu'on ſe repréſente encore toutes leurs loix de conſtitution dictées par la connoiſſance qu'ils ont de cet intérêt; qu'on ſe repréſente enfin ces mêmes hommes aſſemblés pour délibérer ſur ce même intérêt : pour peu qu'on médite ce tableau, on ſe convaincra ſans peine que de telles aſſemblées oppoſent une contre-force invincible à tous les abus d'autorité; que tous les membres d'un tel Corps, n'ayant qu'une ſeule & même volonté, il eſt impoſſible que les loix, qui en ſont le réſultat, ceſſent de gouverner.

Ce déſordre ne pourroit être introduit que par l'ignorance : il faudroit que de tels hommes ceſſaſſent d'avoir une idée juſte de leurs vrais intérêts. Mais c'eſt préciſément ce qui ne peut arriver ſous un Gouvernement bien conſtitué ; car dès qu'il eſt bien conſtitué, il a certainement pris toutes les meſures néceſſaires pour prévenir ce malheur ; & dans ce cas, chaque Citoyen, ſe voyant auſſi libre qu'il peut l'être, juge de ſon importance par le ſentiment intime & de ſa liberté & de ſon égalité ; chaque Citoyen eſt un homme enfin, un être dont l'ame s'exalte chaque jour par l'exemple des vertus, par l'attrait des vertus, par l'intérêt qu'il a de pratiquer les vertus.

Si quelqu'un doute encore de ces vérités, qu'il jette les yeux ſur les peuples libres, ſur ceux-mêmes dont l'indépendance orageuſe & mal affermie eſt moins liberté que licence, moins un ordre qu'un déſordre. Tels que ces grands arbres qui croiſſent parmi les ronces & ſont deſtinés à les étouffer, chez ces peuples, de grandes vertus s'élevent au milieu des vices, comme pour les condamner & ſervir de modele. Elles ſavent bien cependant qu'elles auront à combattre des ennemis puiſſants ; mais elles ſavent bien auſſi qu'elles peuvent ſe promettre d'en triompher : ſoutenues par cette eſpérance, elles n'ont pas beſoin de ſe diſſimuler les dangers qu'elles courent ; elles voient la gloire attachée à ces mêmes dangers ; c'en eſt aſſez pour qu'elles ne craignent pas de les affronter.

Tout ce que je viens d'exiger d'un Gouvernement pourroit ſe réſumer en peu de mots. Jamais les hommes ne ſe formeront une haute idée de leur eſpece, ſous un Gouvernement qui l'avilit, qui la dégrade ; jamais ils n'apprendront à ſe reſpecter eux-mêmes comme hommes & comme Citoyens, tandis que leur Gouvernement ſe permettra de ne reſpecter en eux aucune de ces deux qualités.

Plus un homme eſt chargé de fers, plus auſſi ſa marche devient pénible &

lente : quiconque veut courir & s'élancer, commence par se dégager de tout ce qui pourroit gêner ses mouvements. Il en est de l'ame comme du corps : elle n'est capable d'élans, capable de grands efforts & d'élévation, qu'autant qu'elle est pleinement libre. La perte de sa liberté produit sur elle l'effet d'une forte compression sur nos membres : l'engourdissement qu'elle éprouve, la privant de sa sensibilité, la prive aussi de toute action. Pour lui conserver l'une & l'autre, il faut donc que le Gouvernement fasse jouir ses sujets d'une pleine & entiere liberté ; qu'il soit institué de maniere que les loix deviennent invariables dans leurs dispositions comme dans leur application ; qu'ainsi chaque Citoyen, ne dépendant que des loix, ait la satisfaction intérieure de sentir qu'il ne dépend que de lui-même, de voir que son sort est dans ses mains, autant que l'ordre physique le permet.

L'amour-propre se trouvant ainsi exalté par la constitution même du Corps politique, examinons maintenant ce qui reste à faire au Gouvernement en faveur de l'Instruction publique ; comment, sans offenser la liberté des membres de ce Corps, il peut les contraindre à profiter de cette Instruction.

Point de doute qu'il ne faille établir des écoles publiques & gratuites en nombre suffisant, pour que personne ne soit contraint par le manque de fortune, ou par l'éloignement, à rester privé de l'instruction. Toute terre qui ne reçoit jamais les influences du soleil, est une terre frappée de stérilité ; elle ne porte du moins que des fruits mal sains, & ses exhalaisons sont pernicieuses. Il en est ainsi de nos ames ; l'Instruction est leur soleil : privées de sa chaleur, elles demeurent froides & languissantes ; leurs productions n'ont rien que de dangereux. Il faut donc absolument que cette lumiere ſalutaire pénetre dans tous les lieux, éclaire tous les eſprits, échauffe & vivifie tous les cœurs.

Il eſt en général deux ſortes d'écoles : les unes ſont établies pour enrichir l'eſprit, pour l'orner & déployer le génie ; les autres pour apprendre aux hommes ce qu'aucun d'eux ne doit ignorer : parlons d'abord de celles-ci.

L'objet de leur établiſſement n'eſt point de faire des Géometres, des Orateurs, des Savants, mais ſeulement des Citoyens. Il faut donc que les connoiſſances néceſſaires à l'état de Citoyen, ſoient enſeignées en langue vulgaire dans ces écoles ; & de-là ſuit qu'on n'y doit donner d'autres leçons, que celles qui ſont preſcrites par le Gouvernement.

Cette derniere condition eſt bien eſſentielle : les connoiſſances néceſſaires à l'état de Citoyen, ſont préciſément les regles de conduite auxquelles chaque Citoyen eſt tenu de ſe conformer. Certainement ces regles n'ont rien d'arbitraire; certainement elles ſont des vérités immuables : toutes les perſonnes prépoſées pour les enſeigner, doivent donc, ſur cet article, avoir les mêmes principes, parler le même langage.

Pour faire régner cette uniformité dans les écoles, il faut commencer par faire rédiger & publier un recueil des grandes vérités qu'on doit conſtamment y profeſſer. On peut regarder ce recueil comme un Catéchiſme civil & politique, qui expoſe clairement & ſimplement les principes naturels, les principes fondamentaux de l'ordre ſocial & de la morale univerſelle. Ainſi, ce Catéchiſme doit inſtruire les hommes de leurs devoirs eſſentiels & réciproques, des obligations mutuelles qu'ils doivent s'impoſer eux-mêmes & par intérêt pour eux-mêmes; leur apprendre ce qui doit être réputé vertueux ou vicieux, juſte ou injuſte, glorieux ou déshonorant; leur montrer en un mot la néceſſité dont il eſt qu'ils attachent leur bonheur à la pratique des vertus.

Pour aſſurer les bons effets qu'on attend d'un tel établiſſement, il faut ouvrir aux hommes une ſeconde ſource d'inſtruction, en faiſant conſtruire des monuments publics propres à les faire reſſouvenir des leçons qu'ils ont reçues dans les écoles. Les grands chemins, les places publiques, les villages, les entrées des villes, les temples, les autres édifices ſemblables, tout doit être couvert de ces monuments; tout doit rappeller aux Citoyens qu'ils ſont nés pour être libres, & qu'en effet ils ſe trouvent libres ſous la loi de propriété; mais que la conſervation de leur liberté particuliere eſt inſéparablement attachée à la conſervation de la liberté publique, de la liberté commune du Corps politique; & qu'ils ne peuvent maintenir cette liberté commune, qu'en maintenant dans toute ſa pureté la conſtitution de ce Corps, dans toute ſa plénitude l'autorité de ſes loix, dans toute ſon intégrité l'ordre public établi par elles pour l'intérêt commun.

Quelque utilité cependant qu'on ſe promette de ces Inſtitutions, on doit en attendre une plus grande encore de l'Inſtruction domeſtique, de celle que donnent journellement aux enfants les exemples & les diſcours de leurs parents ; on peut même la regarder comme la baſe, comme le germe de toute autre inſtruction : les premieres impreſſions que nous recevons dans notre enfance, ſe gravent en nous ſi profondement, qu'il eſt bien rare de les voir s'effacer ; nous devons dire au contraire, avec l'Auteur d'Emile, qu'elles décident preſque toujours de notre caractere moral pour le reſte de notre vie.

Mais comment déterminer les parents à donner aux enfants cette premiere inſtruction ? Comment les déterminer encore à faire enſorte que leurs enfants profitent de l'inſtruction publique ? Si le Gouvernement ne veut tomber dans une contradiction abſurde, il doit, en cette partie, écarter avec ſoin tout ce qui porteroit le caractere de la violence & de la contrainte. Non, non, quand on veut apprendre aux hommes qu'ils ſont libres, ce n'eſt point par des actes d'autorité, par des actes deſtructifs de cette liberté, qu'on peut parvenir à les perſuader. Le Gouvernement ne doit donc ſe propoſer à cet égard, que de faire naître dans les parents, comme dans leurs enfants, un intérêt puiſſant ; & s'en repoſer enſuite ſur cet intérêt.

Cet expédient ne peut manquer de réuſſir complettement, lorſque, ne confondant point en nous la qualité d'homme avec celle de Citoyen, on ne confondra point non plus les différentes prérogatives qui doivent être attachées à ces deux qualités. Par-tout un homme eſt un homme ; par-tout il a droit à la juſtice & à la bienfaiſance des autres hommes : mais c'eſt-là que doivent ſe borner ſes droits ; il ne peut les étendre à ceux dont un Citoyen doit jouir comme Citoyen, car cet homme n'eſt pas Citoyen par-tout.

La ſociété générale des hommes ſe trouvant diſtribuée en divers Corps politiques, chacun de ces Corps attache à ſes membres des prérogatives particulieres, auxquelles les membres des autres Corps ne peuvent ni ne doivent participer ; & l'on ne peut obtenir ces prérogatives, qu'en obtenant la qualité de Citoyen. Mais pour être en poſſeſſion de cette qualité, ſuffit-il donc d'être né de parents qui l'aient portée ? A cette queſtion, la réponſe eſt bien ſimple : pour être Architecte ou Médecin, ſuffit-il qu'un Architecte ou un Médecin nous ait donné le jour ? Chaque profeſſion a des regles qui lui ſont propres, exige des connoiſſances particulieres, ſans leſquelles il eſt impoſſible de la bien exercer. De bonne-foi, peut-on s'imaginer que la profeſſion de Citoyen ne ſoit point dans le même cas ? Eſt-ce qu'il n'en réſulte pas des devoirs eſſentiels ? Eſt-ce que pour les bien remplir, il ne faut pas les bien connoître ? Eſt-ce que faute de cette connoiſſance, la ſociété ne reſte pas expoſée à tous les égarements de l'ignorance, à tous les inconvénients de l'arbitraire, à tous les maux qu'elle s'eſt propoſé d'éviter ?

Le bon ordre veut donc que perſonne ne ſoit inſcrit dans la claſſe des Citoyens, ne ſoit admis à jouir des droits attachés à cette qualité, qu'après avoir été publiquement reconnu, publiquement jugé, ſuffiſamment inſtruit des devoirs qui en ſont inſéparables ; qu'après encore, à l'exemple des Athéniens, avoir prêté ſerment de remplir fidelement & conſtamment ces mêmes devoirs : en effet, le contrat ſocial eſt un véritable contrat, un contrat ſynallagmatique, *do, ut des*, qui ne doit être réputé conſommé que par le conſentement exprès des Parties contractantes (10).

Lorſqu'un Corps politique eſt bien conſtitué, les droits de chaque Citoyen ſont de pouvoir acquérir & poſſéder des biens-fonds dans le territoire de ſa ſociété; de pouvoir remplir des Offices publics, exercer des fonctions publiques, aſſiſter aux délibérations publiques; d'être en un mot compté parmi les membres du Souverain. A ces prérogatives importantes, ajoutons celle de prendre part aux exercices gymnaſtiques; d'avoir entrée dans les aſſemblées qui ſe font à ce ſujet; de jouir de cette parfaite égalité qui éleve l'ame & la ſatisfait.

Ce n'eſt pas que les Etrangers ne doivent être libres d'acquérir auſſi des biens-fonds chez une Nation; mais il convient qu'ils prennent des lettres de naturalité;

(10) *Nota.* Citer l'exemple des Athéniens, ce n'eſt pas approuver la formule biſarre de leur ſerment.

& que, pour devenir Citoyens, ils prêtent le ſerment du Citoyen : car enfin la milice nationale doit être composée principalement de tous ceux qui poſſedent les biens-fonds de la Nation, de tous ceux qui ont reconnu que leurs vrais intérêts perſonnels ſont inſéparablement attachés à l'intérêt commun de la Nation.

Plus on donnera d'éclat & d'attrait à la qualité de Citoyen, plus auſſi ſera grand, ſera preſſant, l'intérêt qu'on aura de l'acquérir & de la conſerver. Il faut donc ennoblir cette qualité, de maniere qu'avec elle on ſoit tout, & que ſans elle on ne ſoit rien. Il faut donc encore que ceux qui l'auront obtenue, portent un habillement propre à les caractériſer, à les diſtinguer ſenſiblement des autres hommes : alors le jour où l'on pourra prendre cet habillement pour la premiere fois, ſera pour la famille du nouveau Citoyen, un jour de fête, comme étoit, chez les Romains, le jour où l'on recevoit la robe virile dans le Temple de Jupiter Capitolin.

J'élague beaucoup de détails relatifs à cette Police, parcequ'il eſt facile de les imaginer. Je me borne à dire ſeulement qu'en ſuppoſant les exercices gymnaſtiques bien entendus, bien ordonnés, bien dirigés, leur inſtitution eſt un excellent moyen, non-ſeulement de perfectionner les talents & les qualités phyſiques dont la ſûreté commune a beſoin, mais de porter en outre l'amour-propre à ſon plus haut degré d'exaltation.

Pour le tenir cependant toujours en action, pour l'intéreſſer à tous les actes de la vie publique & privée, il convient d'introduire encore dans toutes les conditions, des diſtinctions civiles, des titres d'honneur qui puiſſent être les récompenſes des vertus domeſtiques, & le fruit d'une réputation ſoutenue. Il convient auſſi d'établir, comme à Rome, des Cenſeurs publics, une Magiſtrature chargée de veiller ſur les mœurs ; il convient enfin d'armer ce Tribunal d'une autorité ſuffiſante, pour ſervir de frein à la licence, & devenir le fléau des vices ; de lui donner par conſéquent le pouvoir de punir les vicieux, par la privation d'une partie de leurs prérogatives, de la qualité même de Citoyen, lorſque leurs déréglements ſeront d'une eſpece à ne pouvoir s'allier avec cette qualité.

On regardera peut-être ces Cenſeurs comme une inſtitution ſuperflue dans une ſociété bien conſtituée, bien organiſée d'ailleurs. Mais il en ſera de leur Tribunal comme d'un Code pénal : c'eſt principalement pour être dans le cas de n'en avoir pas beſoin, qu'on l'inſtitue.

Il eſt encore une autre ſource d'inſtruction, & que le Gouvernement doit bien ſe garder de fermer : cette ſource eſt la liberté de la preſſe, liberté toujours redoutable à l'erreur, toujours favorable à la vérité. En effet, il n'appartient qu'à la vérité d'être fuſceptible d'évidence; & il n'appartient qu'à l'évidence d'écarter pour toujours les fauſſes opinions : or l'évidence étant le réſultat néceſſaire d'un examen ſuffiſant, ne pouvant s'établir dans nos eſprits, qu'après que toutes les raiſons de douter ſont épuiſées, il eſt clair qu'elle a beſoin de la contradiction & de la diſcuſſion.

Il paroît à propos néanmoins d'aſſujettir chaque Auteur, ou tout au moins chaque Libraire ou Editeur, à mettre ſon nom au bas de l'ouvrage qu'il fait imprimer. Je dis chaque Libraire ou Editeur, afin de ne point faire violence à la modeſtie, qui, quelquefois empêche un Auteur de ſe nommer.

Quiconque donne un Livre au public, ſe propoſe ſans doute de dire ce qu'il penſe, & croit avoir de bonnes raiſons pour le penſer. Cela poſé, pourquoi ſe cacher? pourquoi ne pas profeſſer hautement ce qu'on tient pour raiſonnable &

vrai ? Sous un Gouvernement tyrannique, la prudence exige que les défenſeurs de la raiſon & de la vérité gardent l'anonyme ; ils auroient tout à perdre en ſe faiſant connoître. Mais ſous un Gouvernement bien conſtitué, mais parmi des hommes véritablement libres, cette conduite, ceſſant d'être néceſſaire, ne pourroit plus paſſer que pour une foibleſſe, une lâcheté : les hommes ne doivent rien ſe permettre qu'ils ne puiſſent avouer publiquement ; & tout doit concourir à leur inculquer cette importante vérité.

S'il exiſtoit un moyen de pouvoir, ſans être apperçu, parler tantôt dans les cercles, dans les places publiques, & tantôt à l'oreille de chaque Citoyen, certainement il conviendroit d'en proſcrire l'uſage, comme ſujet aux plus grands inconvénients. L'impreſſion d'un ouvrage cependant produit exactement un tel effet : ſi ſon Auteur n'eſt publiquement connu, il peut impunément en impoſer, impunément diffamer qui bon lui ſemble, impunément troubler les eſprits, les familles, jetter le déſordre dans toute la ſociété.

Cette police, ne doit point être regardée comme une atteinte à la liberté : celle-ci dégénéreroit en licence, en abus monſtrueux, ſi elle s'étendoit juſqu'à permettre de faire le mal avec ſécurité. Eſt-ce que pour être libre, il faut avoir le droit de courir, & le jour & la nuit, maſqué de maniere à n'être pas connu, afin de pouvoir, ſous ce déguiſement, commettre toutes ſortes d'excès? Il eſt vrai que la liberté conſiſte dans la faculté d'exécuter ſes volontés; mais c'eſt à la charge auſſi d'en être puni, quand elles ſont dépravées; & cette condition ſera toujours néceſſaire pour faire la ſûreté de la liberté même, en empêchant les hommes d'en abuſer.

Lorſque par ſes Ecrits on ſe rend utile ou agréable, il eſt juſte que l'eſtime publique ſoit acquiſe à l'Auteur; c'eſt un tribut qu'il a mérité. Mais lorſqu'on ſeme des erreurs nuiſibles, au lieu de publier des vérités, il eſt juſte auſſi de trouver ſa punition dans le ridicule dont on ſe couvre, & dans le mépris général de tous les hommes éclairés. Je ſais bien qu'en écrivant, on peut ſe tromper de bonne-foi: mais je ſais bien auſſi qu'on n'eſt point obligé de ſe faire imprimer. Tout ce qui peut réſulter de cette Police, c'eſt donc que la crainte de la cenſure publique rende les Ecrivains plus honnêtes & plus circonſpects: la ſociété ne peut qu'y gagner.

Je n'ai plus qu'un mot à dire ſur les Ecoles de la premiere eſpece, les Univerſités, les Académies, les Colleges, les autres Etabliſſements deſtinés à la culture des Belles-Lettres, des Sciences & des Arts. Leur utilité eſt ſuffiſamment reconnue: tout le monde convient que ce qui ſert à étendre nos connoiſſances, perfectionne en nous la raiſon; que ce qui augmente la ſomme de nos lumieres, augmente auſſi la puiſſance d'un Corps politique, l'agrément & l'utilité de la ſociété.

Pour retirer cependant de ces établiſſements tout l'avantage qu'on peut s'en promettre, pluſieurs conditions doivent ſe réunir. La premiere eſt d'y faire régner un ordre qui puiſſe aſſurer au mérite, les préférences & les places auxquelles lui ſeul eſt en droit de prétendre. La ſeconde eſt de faire jouir d'une fortune honnête, plus encore de la conſidération publique, ceux qui rempliſſent ces places; car il faut toujours accorder les intérêts de l'amour-propre avec ceux des ſens. La troiſieme eſt de nourrir parmi les Eleves, une grande & vive émulation, en inſtituant des Exercices publics & des Prix, dont la diſtribution ſe faſſe avec beaucoup de ſolemnité : *Magni fiunt animi magnis honoribus.* La quatrieme eſt d'aſſigner des fonds pour venir au ſecours de ceux dont les talents naiſſants reſteroient enfouis dans l'indigence : une terre que nous foulons aux pieds, cache ſouvent une mine d'or ; il faut ſavoir découvrir cette mine, ſavoir tirer des hommes tout ce qu'ils peuvent valoir.

Il eſt encore une cinquieme condition, & qui mérite, plus que toutes les autres, l'attention du Gouvernement : c'eſt d'entretenir dans chacune de ces Ecoles, des perſonnes ſpécialement chargées de pénétrer dans toute la profondeur des premiers principes de la morale & de l'ordre ſocial ; de les préſenter dans tous les développements qui leur conviennent ; de les juſtifier par des exemples multipliés, par les différentes applications dont ils ſont ſuſceptibles ; de faire connoître à la Nation, les rapports, les liaiſons de ces principes avec ſa conſtitution politique & le bonheur dont elle jouit ; d'attacher ainſi les Citoyens à cette conſtitution, en leur montrant la ſageſſe de leur Gouvernement ; en leur imprimant une grande vénération pour leurs loix, un grand respect pour l'ordre public, un grand amour pour le Roi, cette Divinité tutélaire chargée de veiller en chef à la conservation d'un ensemble si précieux. Voilà comment l'Instruction publique, faisant de nous des hommes, fait aussi d'un Peuple un véritable Corps politique ; comment, en nous éclairant sur notre véritable intérêt commun, elle devient l'ame & la vie de ce Corps, lui donne de la force & de la consistance, resserre les nœuds par lesquels tous ses membres doivent être unis entre eux, bannit enfin le siecle de fer pour lui substituer le siecle d'or.

Toutes Puissances établies sur une autre base, sont autant d'édifices élevés sur un sable mouvant : cessons, cessons d'attribuer leurs révolutions & leur chute à l'inconstance naturelle des choses humaines ; cette inconstance prétendue ne fut jamais qu'une ſuite néceſſaire de nos erreurs. Ces puiſſances n'étoient point de vrais Corps politiques ; elles ont péri parcequ'elles devoient périr, parcequ'elles renfermoient dans leur conſtitution vicieuſe, le principe de leur deſtruction. Tout ce qui aura la vérité pour fondement, ſera néceſſairement inébranlable comme elle, n'aura point à craindre de pareilles révolutions.

Il y a long-temps qu'on répete aux Princes que c'eſt la naiſſance qui les fait Rois, mais que c'eſt la vertu qui les fait grands. Cette vérité eut ſans doute produit plus d'effet, ſi en même-temps on leur eût dévoilé les vraies notions de la vertu; ſi, ne gardant aucun ménagement pour les préjugés, on leur eût fait appercevoir, dans l'ordre phyſique même, la raiſon primitive de l'ordre moral, de cet ordre immuable auquel les Rois & leurs Sujets ſont également tenus de ſe conformer

conformer pour être vertueux & heureux.

Quelque ſage que ſoit perſonnellement un Monarque dans ſa maniere de gouverner, il ne fait aſſez ni pour ſa gloire, ni pour le bonheur de ſes Peuples, s'il n'aſſure encore la proſpérité future de ſon Empire, en perfectionnant le Gouvernement. Quelques talens qu'il montre auſſi pour la guerre, il ſe verra toujours confondu dans la foule de ceux qui les auront montrés avant lui, ou qui les montreront après ; & il n'en ſera pas moins obligé de partager ſes lauriers, avec les guerriers qui lui auront aidé à les moiſſonner. Mais quelle différence pour le Souverain, qui, le premier, adoptera dans tous ſes rapports l'ordre de la nature & de la raiſon ; qui, le premier, l'établira dans ſes Etats ! Ce Héros jouira ſans partage d'une gloire unique, d'une gloire d'autant plus éclatante, d'autant plus vraie, qu'il n'en ſera redevable qu'à lui-même ; & que rempliſſant les vues de l'Etre Suprême, il ſera regardé, & à juſte titre, comme une copie fidele de ſon modele, comme une image vivante de la Divinité.